Das Elternheft

À plus! 1 *Nouvelle édition*

Das Elternheft

Im Auftrag des Verlages erarbeitet von
Anja Théry

und dem Verlagsbereich Fremdsprachen in der Schule
Dr. Yvonne Petter-Zimmer (Projektleitung), Julia Goltz, Burcu Kiliç, Lisa Azorin (Bildassistenz),
Marie Matern (Assistenz)

Illustrationen: Laurent Lalo, Anna Mars
Umschlaggestaltung: werkstatt für gebrauchsgrafik, Berlin
Layout und technische Umsetzung: Heike Börner
Umschlagfoto: © Getty Images / Everton

Bildquellen:

© **Cornelsen Archiv/Denimal Uzel: 9:** Mitte rechts, unten. **11:** oben CD Cover rechts, oben Buch Cover rechts, unten rechts, unten links. **12:** unten rechts Vokabeltaschenbuch links, Mitte Klassenarbeitstrainer Cover rechts, Mitte CD Cover rechts. **34:** oben rechts. **40:** ganze Seite – © **Fotolia: 13:** unten rechts – © **iStockphoto**/Igor Terekhov: **31:** unten links – © iStockphoto/Rachel Dewis: **38, 39:** oben – © iStockphoto/vikif: **27:** Mitte rechts – © **Shutterstock**/Leonid Andronov: **34:** rechts unten – © Shutterstock/A.L: **27:** oben links – © Shutterstock/fotique: **20:** oben. **21:** oben. **22:** oben, Mitte. **23:** oben – © Shutterstock/Goran Bogicevic: **35:** oben. **36:** oben. **37:** oben – © Shutterstock/Jane Rix: **17:** unten – © Shutterstock/kimba: **15:** unten rechts – © Shutterstock/Prill: **34:** Mitte links – © Shutterstock/ Richard Semik: **16:** rechts 2. von oben – © Shutterstock/topora: **16:** Mitte links – Shutterstock/margouillat photo: **16:** unten rechts

© **AKG Images: 35:** unten – © Corbis/Charles O'Rear/: **24:** oben. **25:** oben **26:** oben, unten rechts – © **Corbis**/Grand Tour: **17:** oben. **18:** oben. **19:** oben – © Corbis/Murat Taner: **31:** oben. **32:** oben. **33:** oben – © Corbis/Photononstop/Lionel Lourdel: **16:** rechts oben – © **Getty Image**s/Everton: **11:** oben CD Cover links, oben Buch Cover links. **12:** unten links Vokabeltaschenbuch links, Mitte Klassenarbeitstrainer Cover links, **12:** Mitte CD Cover links. **40:** ganze Seite – © Getty Images/graigue.com: **28:** oben. **29:** oben. **30:** oben – © Getty Images/Jonathan Kitchen: **34:** oben links – © Getty Images/Ralf Hettler: **13:** oben. **14:** oben.**15:** oben – © **Mauritius Images**/Michael Schellinger: **16:** rechts 2. von unten – © **Montagne des Singes: 16:** unten rechts – © **Phase 6: 40:** rechts – © **Picture Alliance**/Arco Images: **3:** unten links – © **TING GmbH: 12:** unten rechts – © **ullstein bild**/ullstein bild: **31:** unten rechts – © ullstein bild/Willy's Pictures: **34:** Mitte rechts

www.cornelsen.de

1. Auflage, 2. Druck 2015

Alle Drucke dieser Auflage sind inhaltlich unverändert
und können nebeneinander verwendet werden.

© 2013 Cornelsen Schulverlage GmbH, Berlin

Das Werk und seine Teile sind urheberrechtlich geschützt.
Jede Nutzung in anderen als den gesetzlich zugelassenen Fällen bedarf
der vorherigen schriftlichen Einwilligung des Verlages.
Hinweis zu den §§ 46, 52a UrhG: Weder das Werk noch seine Teile dürfen ohne eine
solche Einwilligung eingescannt und in ein Netzwerk eingestellt oder sonst öffentlich
zugänglich gemacht werden.
Dies gilt auch für Intranets von Schulen und sonstigen Bildungseinrichtungen.

Druck: Mohn Media Mohndruck, Gütersloh

ISBN 978-3-06-021447-1

PEFC zertifiziert
Dieses Produkt stammt aus nachhaltig
bewirtschafteten Wäldern und kontrollierten
Quellen.

www.pefc.de

Französisch? Eine gute Wahl!

Was leistet dieses Heft?

Dieses Heft unterstützt Sie dabei, Ihr Kind auf seinem Weg zu einem selbstständigen Fremdsprachenlerner zu begleiten: Motivieren Sie Ihr Kind sich selbst einschätzen zu lernen und erkennen zu können was es bereits kann und was es noch üben muss.

À Plus! Nouvelle édition ist ein modernes Lehrwerk und bietet Ihrem Kind viel Unterstützung und Zusatzmaterial für das Üben und Wiederholen zu Hause. Wer dieses Lehrwerk richtig nutzt, erspart sich teure Nachhilfe.

Das Heft gibt Ihnen nach einem kurzen Überblick zum modernen Fremdsprachenunterricht konkrete Tipps, wie Ihr Kind zu Hause üben kann. Ab Seite 13 erhalten Sie einen Einblick in die Inhalte und Kompetenzen (= zu erreichende Fertigkeiten) der einzelnen Lektionen. Damit können Sie Ihr Kind bei der Vorbereitung auf eine Klassenarbeit praktisch und gezielt unterstützen – ohne selbst ein Wort Französisch zu sprechen.

Klassenarbeiten werden mindestens eine Woche vor dem Termin bekannt gegeben. Ihr Kind hat also genug Zeit, sich gezielt darauf vorzubereiten.	**Auf eine Klassenarbeit vorbereiten**

Französischunterricht heute

Die Beherrschung moderner Fremdsprachen wird heute in der Berufswelt vorausgesetzt. Zum Erlernen einer neuen Sprache gibt es keinen besseren Zeitpunkt als die Schulzeit, denn Jugendliche lernen Sprachen schneller und spielerischer als Erwachsene.

Wie haben Sie Englisch oder Französisch gelernt? Jede Zeit hat ihre Methode. Der moderne Fremdsprachenunterricht achtet darauf, die Kommunikationsfähigkeit in den Vordergrund zu stellen. Der Schwerpunkt des Unterrichts liegt somit darauf, was Ihr Kind im Zielland leisten können soll, also z. B. auf dem Bahnhof nach einer Auskunft fragen oder in einer Gastfamilie Auskunft über die eigene Familie geben.

Diese Aufgaben in der „echten Fremdbegegnung in Frankreich" übt Ihr Kind im Französischunterricht in sogenannten Lernaufgaben oder Lernjobs. Lernaufgaben sind Herausforderungen, die die Lerner am Ende der Lektion in der Fremdsprache meistern sollen. Sie helfen eine Echtsituation vorzubereiten, sie sind lebensnah und dem Lerner von der ersten Stunde an als Ziel bekannt. Das ist wichtig, denn Hirnforscher haben nachgewiesen, dass sinnhaftes und zielgerichtetes Lernen erfolgreicher ist.

In *À plus! Nouvelle édition* fängt daher jede Lektion (= *Unité*) mit einer Auftaktseite an. Dort sind die Ziele der jeweiligen Lektion beschrieben. Diese Ziele sind die Lernaufgaben (= *Tâches*). Um die *Tâches* lösen zu können, müssen die Lerner bestimmte Kompetenzen erwerben und ausbauen.

Manche Kompetenzen beziehen sich ausschließlich auf das Fach Französisch, andere gehen weit darüber hinaus.

Handlungsfähigkeit in der Fremdsprache

Kommunikative Kompetenz

Alle Aktivitäten in der Fremdsprache: Sprechen, Schreiben, Lesen, Hören und Sprachmittlung (= Texte und Gespräche in andere Sprachen übertragen). Grammatik und Wortschatz müssen als sprachliche Mittel zur Verfügung stehen.

Methodische Kompetenz

Wie lerne ich? Hierunter werden Lernstrategien und Arbeitstechniken gefasst, z. B. Vorwissen aktivieren oder Texte zusammenfassen.

Interkulturelle Kompetenz

Wie gelingt es mir, Begegnungssituationen zu bewältigen? Im Vergleich mit der eigenen Kultur wird Wissen über andere Kulturen in Vorbereitung auf die echte Kontaktsituation aufgebaut.

Soziale Kompetenz

Als Teil einer Gesellschaft werde ich immer mit anderen arbeiten und leben. Hier wird Bewusstsein für kooperative Lernprozesse geweckt und die eigene Teamfähigkeit geschult.

Alle diese Kompetenzen weist Ihr Kind in einer Lernaufgabe nach: Es findet mit anderen einen gemeinsamen Lösungsweg und erzielt ein konkretes Ergebnis. Natürlich sind die ersten Aufgaben noch weniger herausfordernd. Der Grad der Komplexität nimmt von Lektion zu Lektion (= *Unité* zu *Unité*) und mit jedem Lernjahr zu.

Sprachmittlung

In der *Unité* 6 probt Ihr Kind z. B. den „Ernstfall": Ein Restaurantbesuch mit den Eltern, die beide kein Französisch sprechen. Diese Situation nennt man Sprachmittlung: Ihr Kind wird quasi zum Dolmetscher und vermittelt zwischen Ihnen und dem französischen Kellner. Keine leichte Sache!

Médiation

 Avec tes parents, tu es dans un restaurant en France. Tes parents ne parlent pas français. Quelles informations sont importantes? Qu'est-ce que tu dis? | Welche Informationen sind wichtig?

Kompetenzen und neue Schwerpunkte

Welches der drei Diagramme bildet Ihrer Meinung nach unsere kommunikativen Aktivitäten im Alltag am besten ab?[1]

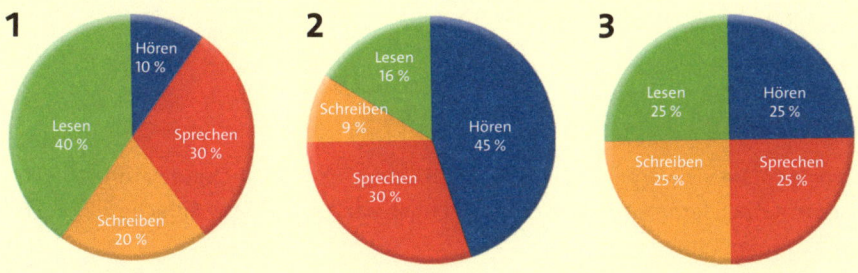

[1] Jens Bahns: „Hörverstehen im Fremdsprachenunterricht". In Udo O.H. Jung: *Praktische Handreichungen für Fremdsprachenleher*. Peter Lang 2007

Lösung: Es ist die Nummer zwei.

Dank dieser Erkenntnisse hat sich auch der Schwerpunkt im Fremdsprachenunterricht geändert: Es wird viel mehr und intensiver gehört, gesehen und gesprochen. Im Schülerbuch *À plus! Nouvelle édition* können Sie das in der Randspalte erkennen: immer da, wo CD oder DVD steht, kann gehört oder eine Filmsequenz gesehen werden.

Was, wann und wie viel entscheidet hier selbstverständlich die Lehrkraft. Das Schülerbuch bietet eine Auswahl, aus der die Lehrerin / der Lehrer frei auswählt und den Unterricht gestaltet.

Auch zu Hause kann Ihr Kind das Hörverstehen und Hör-Sehverstehen trainieren: Im Arbeitsheft befinden sich auf der DVD-Rom Höraufgaben und Filmsequenzen.

Es ist noch kein Meister vom Himmel gefallen – Wie lernt man eine Fremdsprache?

Sie kennen sicherlich das Sprichwort „Es ist noch kein Meister vom Himmel gefallen". Das entsprechende französische Sprichwort lautet:
C'est en forgeant qu'on devient forgeron. = Beim Schmieden wird man Schmied.

Aussprache

Sie kommen nach Hause und Ihr Kind steht vor dem Spiegel. Es schneidet Grimassen und hält sich dabei die Nase zu. Zugleich sondert es eigenartige Laute ab. Keine Sorge, Ihrem Kind geht es gut: es lernt Französisch. Denn obwohl Frankreich unser Nachbarland ist, haben unsere Nachbarn andere Laute in ihrer Sprache ausgebildet, die uns schwerfallen. Um eine Fremdsprache zu sprechen, muss man auch ihre Aussprache trainieren.
Eine Übersicht zu den Lauten und Ihrer Aussprache mit deutschen Beispielen findet Ihr Kind im Schülerbuch auf der Seite 172.

Zahlreiche Übungen, Lieder und Reime zur Aussprache gibt es im Schülerbuch und im Arbeitsheft. Das neue Vokabeltaschenbuch kann dank des TING®-Stiftes sogar „sprechen" (s. S. 12 in diesem Heft). Lernt Ihr Kind Vokabeln, so sollte es das nicht stumm, sondern laut tun: neue Vokabeln anhören, mehrmals nachsprechen und dann schreiben. Das ist der erfolgreiche Weg.

Die Aussprache schulen

- Lehrbuchtexte so oft wie möglich anhören:
  Alle Texte befinden sich auf der DVD-Rom des Arbeitsheftes.
- Lehrbuchtexte nach dem Hören mehrmals laut vorlesen
- Französische Musik hören
- Vokabeln mit dem TING®-Stift lernen (s. S. 12)

Rechtschreibung

Auch wenn der neue Schwerpunkt auf der Mündlichkeit liegt, soll Ihr Kind natürlich auch Französischschreiben lernen. Und das richtig. Aber so wie die deutsche Sprache, hat auch Französisch so seine Tücken.

Und Ihr Kind muss das auch lernen:
Viele der französischen Laute können unterschiedlich geschrieben werden.
Manche setzen sich aus mehreren Buchstaben zusammen: o = eau, au, o

Eine Übersicht findet Ihr Kind im Schülerbuch auf der Seite 172.

Vokabellernen – das Fundament

- Überall in der Wohnung hängen kleine Zettel mit französischen Wörtern?
- Ihr Kind springt einbeinig durch den Flur und sagt bei jedem Sprung ein Wort?
- Neuerdings singt Ihr Kind französische Lieder in der Badewanne?

Lerntechniken ausprobieren

Freuen Sie sich, denn Ihr Kind lernt und probiert Lerntechniken aus. Egal für welche Methode sich Ihr Kind entscheidet, wichtig ist, dass es lernt. Besprechen Sie mit Ihrem Kind die Methoden und lassen Sie es sich ausprobieren. So wird es seine individuelle Lernmethode finden.
Eine Übersicht über verschiedene Methoden finden Sie und Ihr Kind im Schülerbuch auf den Seiten 159–169.

Regelmäßig lernen

Vokabeln prägen sich besser ein, wenn man sie regelmäßig lernt. Zehn Minuten täglich reichen aus und sind nachhaltiger als einmalig vor einem Test eine ganze Stunde pauken. Regen Sie das an und überprüfen Sie, ob Ihr Kind sich daran hält.

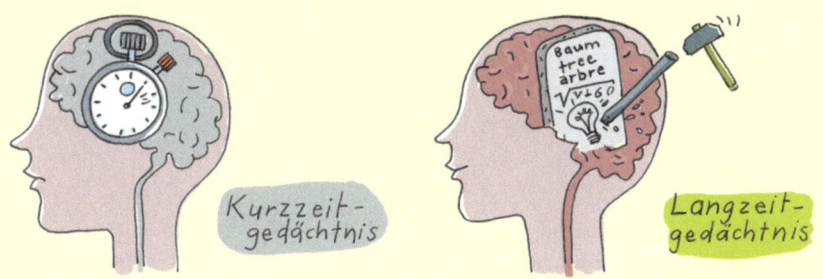

Kurz- und Langzeitgedächnis

Unser Kurzzeitgedächtnis speichert Informationen für wenige Minuten bis zu einigen Tagen ab. Danach ist dieses Wissen verloren, so als würden Sie den Computer abschalten und die Daten nicht vorher abspeichern. Alles Wissen, das langfristig gespeichert werden soll, muss in unser Langzeitgedächtnis überführt werden. Dafür müssen wir uns mit den zu lernenden Informationen beschäftigen, also z. B. öfter die gleichen Wörter lernen und wiederholen. Ein (elektronischer) Vokabeltrainer (s. S. 40) oder ein herkömmlicher Lernkarteikasten helfen dabei.

Bewegung oder Musik können verstärkend auf unsere Gedächtnisfunktion einwirken. Sie können das Lernen auch spielerischer und damit lustiger machen.

- Vokabeln möglichst häufig, dafür kurz wiederholen, z. B. 10–15 Minuten am Tag
- Feste Zeiten (z. B. morgens im Bus, abends vor dem Einschlafen) mit dem Kind vereinbaren
- Vokabeln sprechen und schreiben
- Einzelne Wörter, aber auch kurze Sätze sowie Redewendungen lernen
- Gegenseitiges Abfragen unter Mitschülern anregen

Wie lernt Ihr Kind Vokabeln?

Freude am Lernen unterstützt die Merkleistung

Wir lernen Dinge gut, die uns interessieren. Und wir lernen gut, wenn es uns Spaß oder Freude bereitet, wir also emotional beteiligt sind und wir mit allen Sinnen lernen.

Sie können Interesse wecken.

Hören und Sehen
Frankreich kann man hören und sehen. Die aktuellen französischen Charts findet Ihr Kind im Internet. Lassen Sie Ihr Kind einfach „Top 40 France" im Suchfeld eingeben. Natürlich finden sich in den französischen Charts auch die internationalen englischsprachigen Hits. Aber Ihr Kind wird auch französischsprachige Lieder entdecken.

Filme (z. B. den Publikumserfolg „Willkommen bei den Ch'tis") kann man auf der DVD auch mal auf Französisch mit Untertiteln sehen. Dabei geht es nicht darum, viel zu verstehen. Aber so kann sich Ihr Kind in die Sprache und in die Melodie der Sprache einhören.

Schmecken
Frankreich ist berühmt für seine Küche. Im Schülerbuch finden Sie ein Rezept für einen leckeren französischen Schokoladenkuchen (s. S. 130). Hier im Heft entdecken Sie zwei weitere elsässische Rezepte, S. 27. Bereiten Sie die Gerichte zusammen mit Ihrem Kind zu. *Bon appétit!*

Reisen
Jede echte Begegnung im Zielland macht Spaß und ist sprachlich eine Herausforderung: Wenn Sie es also einrichten können, planen Sie doch eine Reise nach Frankreich. Im Urlaub kann Ihr Kind sich in einfachen Situationen erproben (z. B. Croissants kaufen). Die einzelnen Bände von *À plus! Nouvelle édition* „bereisen" verschiedene Städte und Regionen. Ihr Kind ist Experte:

> **Band 1 Das Elsass** ganz nah. Auch hier in diesem Heft finden Sie Informationen zu dieser Region (s. S. 16, 27 und 34). Kennen Sie das Europaparlament, das Straßburger Münster, den berühmten Tierpark *La montagne des singes*? Mehr Informationen finden Sie und Ihr Kind im Schülerbuch, S. 57 und 103–112.

> **Band 2** Dieser Band präsentiert das mediterrane Frankreich: Mittelmeer, Sonne und römisches Erbe. Die Stadt Montpellier ist das Zentrum des Buches und lädt zu vielen Ausflügen in die Region ein.

> **Band 3** Hier entdecken die Lerner die französische Hauptstadt und verfolgen Verbrecher im Louvre. Sie reisen aber auch in die Bretagne und in die französischsprachige Provinz Québec (Kanada).

> **In den Bänden 4 und 5** verlassen wir Frankreich und erobern die Welt der Frankophonie, also die Länder der Welt, in denen Französisch gesprochen wird.

Wussten Sie schon?
Französisch wird von 220 Millionen Menschen auf allen Kontinenten gesprochen. Mit der Frankophonie bezeichnet man alle französischsprachigen Länder. Die meisten französischsprachigen Länder sind ehemalige französische Kolonien. Schätzen Sie doch mal, in wie vielen Ländern Französisch Amtssprache ist:

☐ in 18 Ländern

☐ in 35 Ländern

☐ in 57 Ländern

Lösung: in siebenundfünfzig Ländern

So ist das Buch aufgebaut

Das Buch besteht im Wesentlichen aus acht Lektionen (= *Unités*) und einem Anhang (= *Annexe*).

Jede Lektion ist unterteilt in eine Auftaktseite, mehrere Unterkapitel (= *Volets*) und eine Übersicht mit den wichtigsten Ausdrücken und der Grammatik (= *Repères*).

Die *Unités*

Die Auftaktseite beschreibt die Ziele der Lektion.

Die Auftaktseite

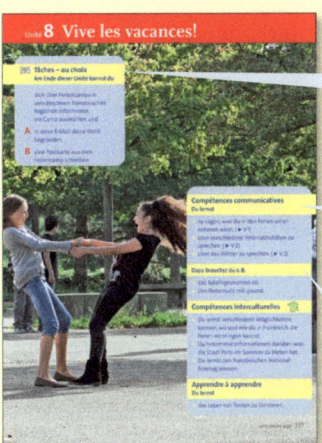

Eine dieser Lernaufgaben soll Ihr Kind am Ende der Lektion meistern können.

Das soll Ihr Kind am Ende der Lektion tun können.

Diese Grammatik soll Ihr Kind am Ende der Lektion beherrschen.

Jede Lektion besteht in der Regel aus drei Unterkapiteln (= *Volet*). In den *Volets* ist der Lernstoff in kleine Portionen unterteilt. Jedes *Volet* gliedert sich in einen Text, der den neuen Wortschatz und die neue Grammatik einführt, und Übungen.

Die *Volets*

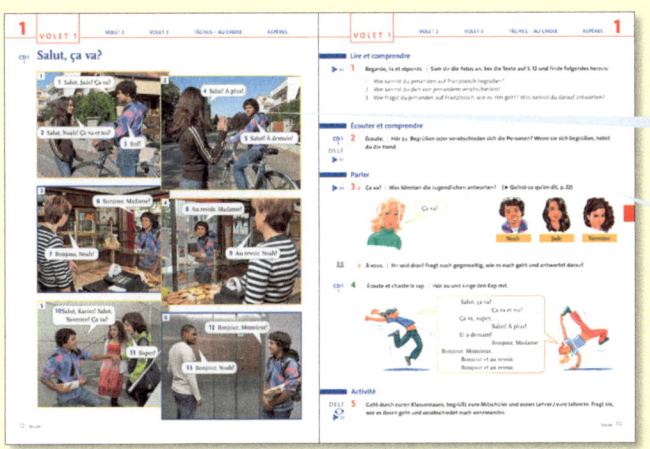

Einstieg über den Text

Übungen

Am Ende jeder Lektion gibt es eine Zusammenfassung (= *Repères*). Hier werden die wichtigsten Sätze, die Ihr Kind können soll, und die Grammatik abgebildet. Diese Seiten eignen sich gut zur Vorbereitung auf Klassenarbeiten. Wenn Ihr Kind im Unterricht gefehlt hat, kann es hier den Stoff nacharbeiten.

Die *Repères*

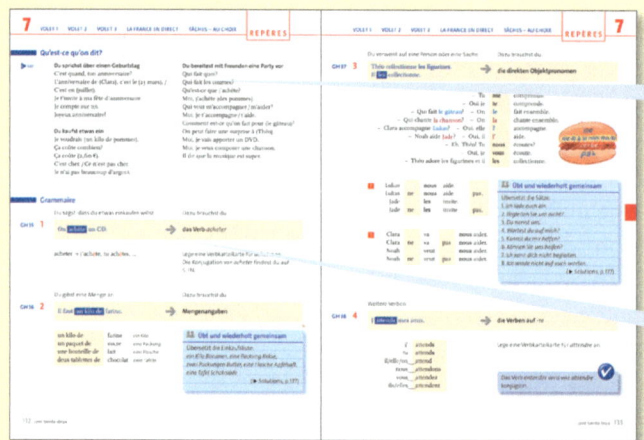

Das soll Ihr Kind sagen und schreiben können (Qu'est-ce qu'on dit? = Was sagt man?).

Diese Grammatik soll Ihr Kind beherrschen.

Der Anhang	Der Anhang bietet nützliche Möglichkeiten zum Nachschlagen. Diese Abschnitte sind für Ihr Kind besonders hilfreich:
Die Konjugation der Verben	In diesem Abschnitt befinden sich alle in *À plus!* eingeführten Verben mit ihrer Konjugation (S. 174–175). Hier kann Ihr Kind nachschlagen, wie z. B. das Verb *regarder* (= schauen) konjugiert wird (*je regarde* = ich schaue, *tu regardes* = du schaust, usw.). Mit Hilfe dieser Liste können Sie Ihr Kind abfragen. Sie können Ihr Kind auch die Konjugationsformen aufschreiben lassen und mit Hilfe der Liste überprüfen, ob die Formen richtig geschrieben wurden.
Die Wortliste	In der Wortliste findet Ihr Kind den neuen Wortschatz jeder Lektion (S. 180–223). Der Wortschatz ist in der Reihenfolge seines Auftretens sortiert. Diese Liste wird Ihr Kind benutzen, wenn es Vokabeln zum Lernen in ein Vokabelheft oder auf Karteikarten schreibt. Sie eignet sich auch zum Abfragen der Vokabeln.
Die alphabetischen Listen	Den gesamten in *À plus!* eingeführten Wortschatz kann Ihr Kind in den alphabetischen Listen nachschlagen. Sie funktionieren wie ein Wörterbuch, in dem der Wortschatz alphabetisch sortiert ist. Es gibt eine französisch-deutsche Liste (S. 224–230) und eine deutsch-französische Liste (S. 231–236). Hinter jedem Eintrag steht die Fundstelle. Damit wird angegeben, an welcher Stelle im Buch das Wort zum ersten Mal erscheint. Die erste Ziffer benennt die *Unité*, die zweite Ziffer das *Volet*. So finden Sie beispielsweise das Wort *le chocolat* → 5/3 in der *Unité* 5 im *Volet* 3. Regen Sie Ihr Kind an diese Liste zu Hause oder im Unterricht zu benutzen. Sie ist in den ersten Lernjahren einfacher zu verwenden als ein echtes Wörterbuch.
Das Glossar	Auf der Seite 237 befindet sich ein Glossar. Sollte Ihr Kind nicht verstehen, was es in einer Übung tun soll, kann es hier die Übersetzung der Übungsanweisungen nachschlagen.

Welche Materialien gibt es noch?

Sie können Ihr Kind beim Französischlernen mit weiteren Materialien unterstützen, z. B. dem Arbeitsheft, dem Grammatikheft, dem Klassenarbeitstrainer und dem Vokabeltaschenbuch.

Das *Carnet d'activités* ist das Arbeitsheft zum Schülerbuch. Es enthält weitere Übungen zu jeder *Unité*, so dass Ihr Kind seine Kenntnisse festigen kann.

Carnet d'activités

Eine blaue Überschrift zeigt an, was genau geübt wird: Grammatik, Wortschatz, Hören, Sprechen, Lesen und Schreiben. Darüber hinaus enthält das Heft weitere Hörtexte und Videosequenzen.

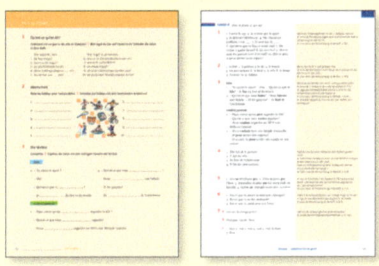

Am Ende jeder *Unité* kann Ihr Kind auf den Seiten mit der Überschrift *Fais le point* (= *Prüfe, ob du das kannst*) seine Kenntnisse selbst testen.

Die Lösungen der *Fais-le-point*-Seiten zur Selbstkontrolle findet es auf den Seiten 92–99.

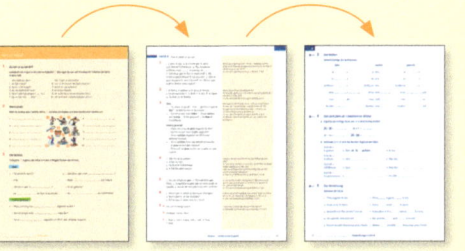

Ihr Kind hatte Schwierigkeiten bei den Testaufgaben im *Fais le point*? Neben den Lösungen gibt es direkte Verweise auf passende Übungen im Extra-Förderheft. Die Lösungen zu den Förderübungen befinden sich auf der DVD-ROM.

Das Förderheft

Die beiliegende DVD-ROM ist am DVD-Player und am Computer abspielbar. Sie enthält die Videosequenzen und Hörtexte passend zu den Übungen im Heft. Fordern Sie Ihr Kind auf, die Hörtexte zu hören und die Videosequenzen anzuschauen. Eine Nummer neben der Aufgabe gibt an, welche Datei anzuklicken ist. Außerdem findet Ihr Kind hier alle Lehrbuchtexte des Französischbuches im MP3-Format zum Anhören und lauten Nachlesen. So schult es sein Hörverstehen und seine Aussprache.

Die DVD-ROM

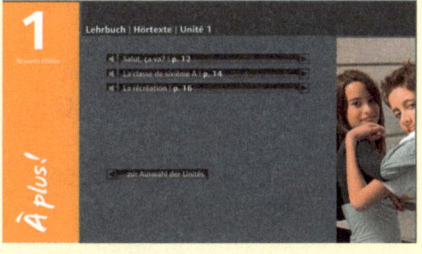

Lassen Sie Ihr Kind jede Woche den aktuellen Lehrbuchtext anhören und laut vorlesen.

Tipp

Das Grammatikheft Mit dem Grammatikheft kann Ihr Kind lernen, nachschlagen und üben. Es enthält Regeln und Erklärungen zur Grammatik in der Reihenfolge des Schülerbuches – also nach *Unités* sortiert.

Im Schülerbuch gibt es Verweise auf die Kapitel im Grammatikheft. So findet sich Ihr Kind gut zurecht.

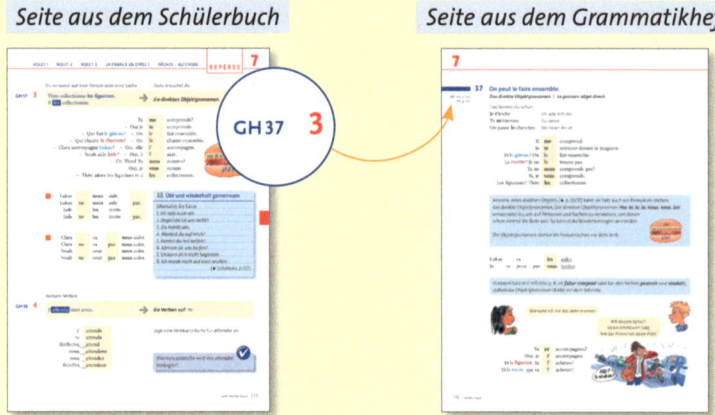

Seite aus dem Schülerbuch *Seite aus dem Grammatikheft*

Üben mit dem Grammatikheft:
- „Hast du das verstanden?": Das sind kurze Übungen, mit denen Ihr Kind überprüfen kann, ob es die neue Grammatik verstanden hat. Die Lösungen befinden sich am Ende des Heftes.
- *Fais le point*: Auch hier gibt es Testseiten am Ende jeder *Unité*, mit Hilfe derer Ihr Kind überprüfen kann, ob es die Grammatik der *Unité* beherrscht.
- Über Webcodes kann Ihr Kind diese Testaufgaben kostenlos im Internet herunterladen und gleich am Computer bearbeiten.

Der Klassenarbeitstrainer Mit diesem Heft kann sich Ihr Kind gezielt und selbstständig auf Klassenarbeiten zu *À plus! 1* vorbereiten. Pro *Unité* werden zwei Klassenarbeiten angeboten.
Einen Kommunikationstrainer zum Selberbasteln und Üben findet Ihr Kind auf den Seiten 97–100.
Die beiliegende Audio-CD enthält die Hörtexte zu den Hörverstehensaufgaben. Der Klassenarbeitstrainer bietet außerdem Hinweise zur Bewertung sowie ein Lösungsheft. Damit kann Ihr Kind sich selbst kontrollieren und bewerten.

Das Vokabeltaschenbuch Mit dem Vokabeltaschenbuch hat Ihr Kind den gesamten Wortschatz in einem kleinen Heft. Es passt sogar in eine Hosentasche und kann überallhin mitgenommen werden.

Besonderes Plus: Mit dem TING®-Stift sind alle Wörter und Ausdrücke hörbar!
Den TING®-Stift erhalten Sie im Buchhandel oder über ting.eu.

Das lernt Ihr Kind in der Unité 1

La rentrée | Der Schuljahresbeginn

▶ Schülerbuch S. 11

Am Ende dieser Lektion soll Ihr Kind Folgendes können:
- jemanden begrüßen oder sich verabschieden,
- sagen, wie es einem geht,
- sich und andere vorstellen.

– Alle wichtigen Redewendungen der gesamten Lektion: ▶ Schülerbuch S. 22 / Qu'est-ce qu'on dit?
– Passende Redewendungen zum Anhören und Auswendiglernen:
  ▶ Vokabeltaschenbuch S. 115 „Sich vorstellen"
  ▶ Vokabeltaschenbuch S. 117–118 „Sich begrüßen und verabschieden"

VOLET 1   Salut, ça va? | Hallo, wie geht's?

▶ Schülerbuch S. 12–13

Hier lernen die Kinder sich zu begrüßen und zu verabschieden.

Was ist wichtig?

Wortschatz

Wörter für die Begrüßung und Verabschiedung
Zum Auswendiglernen ▶ Wortliste, Schülerbuch S. 180–181
Zum Anhören und Auswendiglernen ▶ Vokabeltaschenbuch, S. 3–4; ▶ Interaktiver Vokabeltrainer
Zum Weiterlernen ▶ Interaktiver Vokabeltrainer

Rechtschreibung und Aussprache

Den Buchstaben *ç* gibt es im deutschen Alphabet nicht. Er sorgt dafür, dass ein -*c*- vor -*a*-, -*o*- und -*u*- wie ein -*s*- ausgesprochen wird: *le garçon* (gesprochen „garssong"; = *der Junge*).

Üben: Ihr Kind kann im Vokabeltrainer oder im Vokabeltaschenbuch mithilfe des TING®-Stiftes die Wörter anhören und sie nachsprechen.

Wussten Sie schon?
Die *rentrée* ist in Frankreich ein gesellschaftliches Ereignis. Sie bezeichnet nicht nur den Schuljahresbeginn, sondern steht nach acht Wochen Sommerferien (Juli-August) für den allgemeinen Neustart in Politik, Kultur, Arbeit und Schule.

1

VOLET 2   La classe de sixième A | Die Klasse 6a   ▶ Schülerbuch S. 14–15

Hier lernen die Kinder, sich mit ihrem Namen vorzustellen und zu sagen woher sie kommen.

Was ist wichtig?

Wortschatz

Seinen Namen buchstabieren
Zum Auswendiglernen ▶ Wortliste, Schülerbuch S. 181–182
Zum Anhören und Auswendiglernen ▶ Vokabeltaschenbuch, S. 4–6; ▶ Interaktiver Vokabeltrainer
Zum Weiterlernen ▶ Interaktiver Vokabeltrainer

Rechtschreibung und Aussprache

Typische Fehlerquelle: die Aussprache von -oi, gesprochen „oa" (wie bei „Toilette")

Üben: Lassen Sie Ihr Kind die Wörter mit der Buchstabenkombination -oi- (*toi, au revoir, voilà, moi*) mit dem TING®-Stift anhören und nachsprechen. ▶ Vokabeltaschenbuch, S. 3–5

Tipp:
Zungenbrecher machen Spaß und trainieren die Aussprache. Lassen Sie Ihr Kind diesen Zungenbrecher mehrmals aufsagen und auswendig lernen:

	gesprochen:	auf Deutsch:
Trois tortues trottaient sur trois toîts très étroits.	„Troa tortü trotä sür troa toa tresetroa."	*Drei Schildkröten trotteten auf drei sehr schmalen Dächern.*

VOLET 3   La récréation | Die Pause   ▶ Schülerbuch S. 16–20

Hier lernen die Kinder zu sagen in welcher Klasse sie sind und sich nach Klasse und Wohnort der anderen Schüler/-innen zu erkundigen.

Was ist wichtig?

Wortschatz

Sätze zum Thema „Auskünfte über Andere geben/erfragen"
Die Kinder können nun zusammenhängende Informationen zu Personen geben (Name, Wohnort, Klasse) und schon eine kurze Unterhaltung führen.
Zum Auswendiglernen ▶ Wortliste, Schülerbuch S. 182–184
Zum Anhören und Auswendiglernen ▶ Vokabeltaschenbuch, S. 7–10; ▶ Interaktiver Vokabeltrainer
Zum Weiterlernen ▶ Interaktiver Vokabeltrainer

Rechtschreibung und Aussprache

Typische Fehlerquelle: Die Verwechslung von *é* und *è*.
é spricht man wie das deutsche *e*, *è* hingegen wie *ä*. Die Akzente werden leicht verwechselt.
Wenn Ihr Kind im Vokabelheft und im Schulheft mit zwei verschiedenen Farben arbeitet,
kann es sich leichter merken welcher Akzent zu setzen ist.

Üben: Lassen Sie Ihr Kind alle Wörter mit dem Buchstaben *é* und *è* suchen, mit dem TING®-Stift anhören,
nachsprechen und abschreiben. ▶ Vokabeltaschenbuch, S. 3–10; ▶ Interaktiver Vokabeltrainer

Grammatik

Um sich und andere vorzustellen, braucht man:
- das Verb *être* (= *sein*)
- und die Personalpronomen *je, tu, il* ... (= *ich, du, er* ...).

▶ Lassen Sie Ihr Kind eine Verbkartei für *être* anlegen. Die Kopiervorlage finden Sie im Arbeitsheft auf Seite 103.

Üben: Lassen Sie Ihr Kind alle Formen von *être* aufschreiben.
Überprüfen Sie anschließend gemeinsam die Lösungen ▶ Schülerbuch S. 23, Abschnitt 2.

Typische Fehlerquelle: Wörter in der Mehrzahl haben am Ende ein *-s*, das man schreibt, aber nur selten hört.

Üben: Lassen Sie Ihr Kind im Arbeitsheft auf Seite 7, Übung 4 machen. Es soll dort erkennen, ob es sich bei den
Wörtern um Einzahl oder Mehrzahl handelt.

Es sitzt noch nicht?
▶ Grammatikheft: Hier wird auf der Seite 7–8, Abschnitte 2–3, die Grammatik erklärt. Zusätzlich gibt es eine Übung
zu den Personalpronomen auf der Seite 8. Die Lösungen befinden sich auf der Seite 55 des Grammatikheftes.
▶ Außerdem: Weitere Übungen, S. 11/1 und 2 im Grammatikheft.
Die Übungen kann Ihr Kind auch als Arbeitsblatt über Webcode (▶ Grammatikheft S. 11) aus dem Internet herunter-
laden und gleich am Computer bearbeiten. Dort findet es ebenfalls die Lösungen zur Selbstkontrolle.

Fit für die Klassenarbeit?

Zum Wiederholen:
▶ Schülerbuch Repères S. 22–23: Ausdrücke und Grammatik
▶ Carnet d'activités: Alle oder ausgewählte Übungen des Fais le point, S. 10–11
  Selbstkontrolle: S. 92 und weiterführende Hinweise beachten
  → Weiterarbeit mit dem eingelegten Förderheft S. 2–4 (Lösungen dazu auf der CD-ROM)
▶ Klassenarbeitstrainer: S. 5–12/Klassenarbeiten A und B

Wussten Sie schon?
In Frankreich überreicht man einen Blumenstrauß immer mit
dem Papier. Die Verpackung ist dort Teil des Geschenks und daher
auch oft aufwendiger als in Deutschland.

Das Elsass – Eine Region im Herzen Europas

Die Zugehörigkeit des Elsass wechselte immer wieder zwischen Deutschland und Frankreich. Heute steht die Region symbolisch für die europäische Idee. Als Tor nach Frankreich ist das Elsass der ideale Schauplatz für *À Plus! 1*. Aufgrund seiner Nähe zu Deutschland lädt es zu Ausflügen und Kurzurlauben ein.

Die *Passerelle des deux rives* (= *Brücke der zwei Ufer*) verbindet Straßburg und Kehl. Sie ist ein Symbol der deutsch-französischen Beziehungen.

Die *Hochkœnigsburg* ist nur eine von vielen sehenswerten Burgen im Elsass.

Einige Städtenamen sind gar nicht leicht auszusprechen!

Lassen Sie sich in malerischen Städten treiben!

Wandern Sie auf der Elsässer Weinstraße, *la Route des Vins d'Alsace*, durch idyllische Landschaften!

Die Vogesen sind ein Mittelgebirge im Elsass und laden auch im Winter zu einem Besuch ein.

Genießen Sie deftige elsässische Speisen; zum Beispiel *choucroute garnie!*

Überraschen Sie Ihr Kind mit einem Besuch im Greifvogelpark *La Volerie des aigles* oder im Naturpark *La Montagne des singes*, wo man Affen in freier Natur beobachten kann!

Das lernt Ihr Kind in der Unité 2

À la maison | Zu Hause
▸ Schülerbuch S. 27

Am Ende dieser Lektion soll Ihr Kind Folgendes können:
- über sein Zimmer sprechen (Was gibt es in meinem Zimmer? Was befindet sich wo?),
- sagen, was es nach der Schule macht,
- jemanden bitten, etwas zu tun.

— Alle wichtigen Redewendungen der gesamten Lektion: ▸ Schülerbuch S. 40 / Qu'est-ce qu'on dit?
— Passende Redewendungen zum Anhören und Auswendiglernen:
  ▸ Vokabeltaschenbuch S. 115–116 „Das eigene Zimmer beschreiben"
  ▸ Vokabeltaschenbuch S. 119 „Jemanden zu etwas auffordern und auf eine Aufforderung reagieren"

VOLET 1 Chez moi | Bei mir
▸ Schülerbuch S. 28–31

Hier lernen die Kinder über ihr Zimmer zu sprechen.

Was ist wichtig?

Wortschatz

Die Möbel und Gegenstände in einem Zimmer
Zum Auswendiglernen ▸ Wortliste, Schülerbuch S. 186–187
Zum Anhören und Auswendiglernen ▸ Vokabeltaschenbuch S. 18–20; ▸ Interaktiver Vokabeltrainer
Zum Weiterlernen ▸ Interaktiver Vokabeltrainer

Üben: Lassen Sie Ihr Kind an die Möbel und Gegenstände der Wohnung Klebezettel mit den französischen Bezeichnungen anbringen. (▸ Schülerbuch S. 31, Übung 9)

Rechtschreibung und Aussprache

Typische Fehlerquelle: die Schreibweise von *qu'est-ce que* (käskə = *was?*)

Üben: Lassen Sie Ihr Kind die Sätze mit *qu'est-ce que* in den Repères (Qu'est-ce qu'on dit?), Seite 40, abschreiben.

Wussten Sie schon?
Im Französischen gibt es das Wort *le VASISTAS*. Es bezeichnet eine kleine Fensteröffnung in einer Tür und kommt von der deutschen Frage „Was ist das?" oder „Wer ist da?".

2

Grammatik

Um Dinge in einem Zimmer aufzuzählen, braucht man die unbestimmten Artikel *un, une, des* (= ein, einer, eine).

Üben:
- Kann Ihr Kind die folgenden Wörter übersetzen?
  ein Poster, Poster (Mehrzahl), ein Zimmer, eine Lampe, Computer (Mehrzahl), ein Foto, ein Bett, Regale, ein Tisch, Schränke, eine Mini-Stereoanlage, ein Globus, Bücher, Stühle
- Überprüfen Sie anschließend gemeinsam die Lösungen ▶ Schülerbuch S. 176, Abschnitt zur *Unité* 2.

Es sitzt noch nicht?
▶ Grammatikheft: Hier wird auf der Seite 12, Abschnitt 6, die Grammatik erklärt. Zusätzlich gibt es eine Übung zum unbestimmten Artikel auf der Seite 12 unten. Die Lösungen befinden sich auf der Seite 55 des Grammatikheftes.
▶ Außerdem: Weitere Übungen, S. 14/1 und 2 im Grammatikheft.
Die Übungen kann Ihr Kind auch als Arbeitsblatt über Webcode (▶ Grammatikheft S. 14) aus dem Internet herunterladen und gleich am Computer bearbeiten. Dort findet es ebenfalls die Lösungen zur Selbstkontrolle.

VOLET 2   Chez Clara | Bei Clara   ▶ Schülerbuch S. 32–34

Hier lernen die Kinder die Räume einer Wohnung zu benennen und zu sagen, wo sich etwas befindet.

Was ist wichtig?

Wortschatz

Die Räume einer Wohnung und Ortsangaben, z. B. *sur* (= auf), *sous* (= unter) usw.

Zum Auswendiglernen ▶ Wortliste, Schülerbuch S. 186–187
Zum Anhören und Auswendiglernen ▶ Vokabeltaschenbuch S. 18–20; ▶ Interaktiver Vokabeltrainer
Zum Weiterlernen ▶ Interaktiver Vokabeltrainer

Rechtschreibung und Aussprache

Um zu fragen, wo sich etwas befindet, braucht man die Fragestellung mit *où* (= wo).
Typische Fehlerquelle: der Akzent auf dem *où*. Ihr Kind kennt bereits *ou* (= oder) ohne Akzent.

Tipp:
Mit Eselsbrücken merken sich Besonderheiten besser.
Ihr Kind kann sich auch eigene Eselsbrücken ausdenken.
(siehe auch ▶ Schülerbuch S. 186)   Auf dem „wo" sitzt ein Floh.

ou = oder
où = wo

VOLET 3   Chez Yasmine | Bei Yasmine   ▶ Schülerbuch S. 32–34

Hier lernen die Kinder,
- zu sagen was sie gerade machen,
- jemanden aufzufordern, etwas zu tun.

Was ist wichtig?

Wortschatz

- Tätigkeiten: *rentrer* (= *nach Hause gehen*), *écouter* (= *anhören, zuhören*), *travailler* (= *arbeiten*) usw.
- Aufforderungen und Reaktionen darauf: Ablehnung (***Non, pas maintenant.***), Zustimmung (***D'accord.***), die Frage *Was ist los?* (***Qu'est-ce qu'il y a?***)

Zum Auswendiglernen ▶ Wortliste, Schülerbuch S. 187–188
Zum Anhören und Auswendiglernen ▶ Vokabeltaschenbuch S. 21–23; ▶ Interaktiver Vokabeltrainer
Zum Weiterlernen ▶ Interaktiver Vokabeltrainer

Grammatik

Um zu sagen, was man tut, braucht man v. a. Verben.
Ihr Kind lernt hier die regelmäßigen Verben auf *-er* kennen und lernt diese zu konjugieren (*ich spiele, du spielst, er/sie spielt* usw.)
▶ Die Formen kann es im Schülerbuch, S. 174, nachschlagen.
Typische Fehlerquelle: Es gibt eine große Abweichung zwischen den Endungen, die man schreibt und denen, die man beim Sprechen hört.
Die folgenden Formen spricht man alle gleich aus, nämlich [rəgard], man hört also nur ein *d* am Ende.
⚠ Man schreibt aber: *je regar**de*** (= *ich schaue*), *tu regar**des*** (= *du schaust*), *il/elle/on regar**de*** (= *er/sie/man schaut*), *ils/elles regar**dent*** (= *sie schauen*).

Üben: Lassen Sie Ihr Kind die Verben *chanter* und *écouter* in allen Formen aufschreiben und dann die Endungen unterstreichen. Überprüfen Sie anschließend gemeinsam die Lösungen ▶ Schülerbuch S. 41, Abschnitt 2.

Tipp:
Sie kennen den Spruch aus dem Englischen *he, she, it – das „s" muss mit*?
Lassen Sie Ihr Kind folgende Eselsbrücke für Französisch lernen: **Das „s" bei „tu" ganz ohne Müh'!**

Es sitzt noch nicht?

▶ Grammatikheft: Hier wird auf der Seite 12–13, Abschnitte 7 und 9, die Grammatik erklärt. Zusätzlich gibt es eine Übung zur Konjugation auf der Seite 13 unten. Die Lösungen befinden sich auf der Seite 55 des Grammatikheftes.
▶ Zusätzlich: Übungen 3 und 4, S. 14 im Grammatikheft.
Die Übungen kann Ihr Kind auch als Arbeitsblatt über Webcode (▶ Grammatikheft S. 14) aus dem Internet herunterladen und gleich am Computer bearbeiten. Dort findet es ebenfalls die Lösungen zur Selbstkontrolle.

Fit für die Klassenarbeit?

Zum Wiederholen:
▶ Schülerbuch Repères S. 40–41: Ausdrücke und Grammatik
▶ Carnet d'activités: Alle oder ausgewählte Übungen des Fais le point, S. 20–21
  Selbstkontrolle: S. 93 und weiterführende Hinweise beachten
  → Weiterarbeit mit dem eingelegten Förderheft S. 5–7 (Lösungen dazu auf der CD-ROM)
▶ Klassenarbeitstrainer: S. 13–23/Klassenarbeiten A und B

3 Das lernt Ihr Kind in der Unité 3

Ma famille | Meine Familie
▶ Schülerbuch S. 45

Am Ende dieser Lektion soll Ihr Kind Folgendes können:
- seine Familie und seine Haustiere vorstellen,
- über seinen Familienalltag sprechen,
- seinen Wohnort angeben.

– Alle wichtigen Redewendungen der gesamten Lektion: ▶ Schülerbuch S. 59 / Qu'est-ce qu'on dit?
– Passende Redewendungen zum Anhören und Auswendiglernen:
  ▶ Vokabeltaschenbuch S. 114 „Über den Wohnort Auskunft geben"
  ▶ Vokabeltaschenbuch S. 114–115 „Die Familie und den Familienalltag vorstellen"

VOLET 1 Voilà ma famille | Meine Familie
▶ Schülerbuch S. 46–47

Hier lernen die Kinder die Bezeichnungen der Familienmitglieder.

Was ist wichtig?

Wortschatz

Die Bezeichnungen der Familienmitglieder
Zum Auswendiglernen ▶ Wortliste, Schülerbuch S. 190–191
Zum Anhören und Auswendiglernen ▶ Vokabeltaschenbuch S. 30–32; ▶ Interaktiver Vokabeltrainer
Zum Weiterlernen ▶ Interaktiver Vokabeltrainer

Tipp:
Die Familienmitglieder lassen sich besser lernen, wenn sie in Paaren angeordnet werden:
le père (= der Vater) – *la mère* (= die Mutter); *l'oncle* (= der Onkel) – *la tante* (= die Tante); usw.

Grammatik

Die Kinder lernen hier die Begleiter *mon* (= mein), *ma* (= meine), *mes* (= meine).

Üben:
- Kann Ihr Kind die folgenden Wörter übersetzen?
  meine Mutter, mein Freund, meine Schwestern, meine Freunde
- Überprüfen Sie anschließend gemeinsam die Lösungen ▶ Schülerbuch S. 59, Abschnitt 1.

Es sitzt noch nicht?
▶ Grammatikheft: Hier wird auf der Seite 15, Abschnitt 10, die Grammatik erklärt.

3

VOLET 2 — On rentre ensemble? | Gehen wir zusammen nach Hause?

▶ Schülerbuch S. 48–50

Hier lernen die Kinder zu sagen, wo sie wohnen, und geben Auskünfte über ihren Alltag.

Was ist wichtig?

Wortschatz

Ortsangaben und Aussagen zum Familienalltag
Zum Auswendiglernen ▶ Wortliste, Schülerbuch S. 192–193
Zum Anhören und Auswendiglernen ▶ Vokabeltaschenbuch S. 32–35; ▶ Interaktiver Vokabeltrainer
Zum Weiterlernen ▶ Interaktiver Vokabeltrainer

Grammatik

Die Kinder lernen hier die Begleiter *ton* (= dein), *ta* (= deine), *tes* (= deine).

Üben:
- Kann Ihr Kind die folgenden Wörter übersetzen?
  dein Vater, deine Freundin, deine Brüder, deine Freunde
- Überprüfen Sie anschließend gemeinsam die Lösungen ▶ Schülerbuch S. 59, Abschnitt 1.

Es sitzt noch nicht?
▶ Grammatikheft: Hier wird auf der Seite 15, Abschnitt 10, die Grammatik erklärt.
▶ Außerdem: Weitere Übungen, S. 18/1 im Grammatikheft.
Die Übung kann Ihr Kind auch als Arbeitsblatt über Webcode (▶ Grammatikheft S. 18) aus dem Internet herunterladen und gleich am Computer bearbeiten. Dort stehen auch die Lösungen zur Selbstkontrolle.

VOLET 3 — Comment ça va dans ta famille? | Wie läuft es in deiner Familie?

▶ Schülerbuch S. 51–53

Hier lernen die Kinder weitere Ausdrücke, um über ihren Familienalltag und Familienkonstellationen zu sprechen.

Was ist wichtig?

Wortschatz

- Über den Familienalltag sprechen
- Sein Alter angeben
- Die Zahlen von 1–20

Zum Auswendiglernen ▶ Wortliste Schülerbuch S. 193–195
Zum Anhören und Auswendiglernen ▶ Vokabeltaschenbuch S. 35–40; ▶ Interaktiver Vokabeltrainer
Zum Weiterlernen ▶ Interaktiver Vokabeltrainer

Lernen mit *À plus!* 1

Grammatik

- Um sein Alter anzugeben, braucht man das Verb *avoir* (= *haben*).

Üben: Lassen Sie Ihr Kind eine Verbkartei für *avoir* anlegen. Die Kopiervorlage finden Sie im Arbeitsheft auf S. 103
▶ Schülerbuch S. 60.

Typische Fehlerquelle: Im Französischen gibt man das Alter mit *avoir* an:
J'ai 12 ans (= *Ich habe 12 Jahre*).

Tipp:
Lassen Sie Ihr Kind diesen Merkspruch lernen: Im Französischen **hat** man die Jahre auf dem Buckel.

- Die Kinder lernen hier die Begleiter *son* (= *sein, ihr*), *sa* (= *seine, ihre*), *ses* (= *seine/ihre*).

Üben:
- Kann Ihr Kind die folgenden Sätze übersetzen?
  Clara und ihr Vater – Alexandre und sein Vater – Clara und ihre Mutter – Alexandre und seine Mutter
- Überprüfen Sie anschließend gemeinsam die Lösungen ▶ Schülerbuch S. 194.

Es sitzt noch nicht?
▶ Grammatikheft: Hier wird auf der Seite 15, Abschnitt 10, die Grammatik erklärt. Zusätzlich gibt es eine Übung zu den Possessivbegleitern auf der Seite 16. Die Lösungen befinden sich auf der Seite 55 des Grammatikheftes.
▶ Außerdem: Weitere Übungen, S. 18/1–3 im Grammatikheft.
Die Übungen kann Ihr Kind auch als Arbeitsblatt über Webcode (▶ Grammatikheft S. 18) aus dem Internet herunterladen und gleich am Computer bearbeiten. Dort stehen auch die Lösungen zur Selbstkontrolle.

Wussten Sie schon?
Der Storch ist das inoffizielle Wappentier des Elsass. Im Jahr 1980 war er dort nahezu ausgestorben. Durch erfolgreiche Wiedereingliederungsprojekte wurde er im Elsass wieder heimisch gemacht. Heute leben über 400 Storchen-Paare in der Region.
Man kann sie in der freien Natur oder im *Parc de la Cigogne* (= *Storchenpark*) beobachten.

VOLET 4   Tu as un animal? | Hast du ein Haustier?   ▶ Schülerbuch S. 54–56

Hier lernen die Kinder über ihre Haustiere zu sprechen.

Was ist wichtig?

Wortschatz

Sein Haustier oder sein Lieblingstier vorstellen

Tipp:
Wenn das Haustier Ihres Kindes weder in der Lektion noch hinten im Buch (S. 178) erwähnt wird, lassen Sie Ihr Kind in einem Onlinewörterbuch (z. B. Leo) suchen ▶ Schülerbuch S. 179.
Meistens kann man sich dort auch die Aussprache anhören.

Zum Auswendiglernen ▶ Wortliste, Schülerbuch S. 195–197
Zum Anhören und Auswendiglernen ▶ Vokabeltaschenbuch S. 40–43, ▶ Interaktiver Vokabeltrainer
Zum Weiterlernen ▶ Interaktiver Vokabeltrainer

Rechtschreibung und Aussprache

Besonderheit bei der Mehrzahl von *animal* (= *Tier*): **animaux**
Typische Fehlerquelle: Das Wort kennt Ihr Kind aus dem Englischen. Die Besonderheit im Französischen ist, dass in der Mehrzahl kein *-s* angehängt wird. Stattdessen wird die Endung verändert:
animal (Einzahl), *animaux* (Mehrzahl).

Grammatik

Um über Haustiere zu sprechen und sie zu beschreiben, benötigt man Adjektive, wie z. B. im Deutschen *klein, schlau, niedlich*.
Typische Fehlerquelle:

Deutsch	Französisch
Er ist intelligent.	*Il est intelligent.*
Sie ist intelligent.	*Elle est intelligente.*
Die Hasen sind intelligent.	*Les lapins sont intelligents.*
Die Schildkröten sind intelligent.	*Les tortues sont intelligentes.*

Im Französischen richten sich die Adjektive in Geschlecht und Zahl nach dem Nomen, auf das sie sich beziehen. Das ist im Deutschen nicht der Fall.

Üben: Lassen Sie Ihr Kind folgende Sätze übersetzen:
*Mein Kaninchen ist hübsch. – Meine Schildkröte ist hübsch. – Meine Fische sind hübsch. –
Meine Wellensittiche sind hübsch.*
Überprüfen Sie anschließend gemeinsam die Lösungen ▶ Schülerbuch S. 56/4a.

Es sitzt noch nicht?
▶ Grammatikheft: Hier wird auf der Seite 16–17, Abschnitt 12, die Grammatik erklärt. Zusätzlich gibt es eine Übung zum Adjektiv auf der Seite 17. Die Lösungen befinden sich auf der Seite 55 des Grammatikheftes.
▶ Außerdem: Weitere Übung, S. 18/4 im Grammatikheft.
Die Übungen kann Ihr Kind auch als Arbeitsblatt über Webcode (▶ Grammatikheft S. 18) aus dem Internet herunterladen und gleich am Computer bearbeiten. Dort findet es ebenfalls die Lösungen zur Selbstkontrolle.

Fit für die Klassenarbeit?

Zum Wiederholen:
▶ Schülerbuch Repères S. 59–60: Ausdrücke und Grammatik
▶ Carnet d'activités: Alle oder ausgewählte Übungen des Fais le point, S. 30–31.
  Selbstkontrolle: S. 94 und weiterführende Hinweise beachten.
  → Weiterarbeit mit dem eingelegten Förderheft S. 7–10 (Lösungen dazu auf der CD-ROM)
▶ Klassenarbeitstrainer: Seiten 24–43/Klassenarbeiten A und B, Seiten 88–89/Mündliche Klassenarbeit

Lernen mit *À plus!* 1   23

4 Das lernt Ihr Kind in der Unité 4

Mes copains et mes activités | Meine Freunde und meine Hobbys

▶ Schülerbuch S. 65

Am Ende dieser Lektion soll Ihr Kind Folgendes können:
- über seine Hobbys sprechen,
- sich verabreden,
- sagen, welche Dinge und Tätigkeiten es mag und welche es nicht mag.

– Alle wichtigen Redewendungen der gesamten Lektion: ▶ Schülerbuch S. 77 / Qu'est-ce qu'on dit?
– Passende Redewendungen zum Anhören und Auswendiglernen:
   ▶ Vokabeltaschenbuch S. 116 „Über Hobbys und Vorlieben sprechen"
   ▶ Vokabeltaschenbuch S. 118 „Sich einigen"
   ▶ Vokabeltaschenbuch S. 119 „Sich verabreden"

VOLET 1 Qu'est-ce qu'ils font? | Was machen sie?

▶ Schülerbuch S. 66–67

Hier lernen die Kinder über ihre Hobbys zu sprechen.

Was ist wichtig?

Wortschatz

Hobbys und Sport
Zum Auswendiglernen ▶ Wortliste, Schülerbuch S. 198–199
Zum Anhören und Auswendiglernen ▶ Vokabeltaschenbuch S. 48–50; ▶ Interaktiver Vokabeltrainer
Zum Weiterlernen ▶ Interaktiver Vokabeltrainer

Grammatik

Um zu sagen, welches Hobby / welche Sportart man ausübt, braucht man das Verb
faire (= *machen*) + *de* + Hobby/Sportart.
Typische Fehlerquelle:
Ich mache ■ Musik. → *Je fais de la musique.* (wörtlich: *Ich mache von der Musik.*)
In diesen zwei Sätzen ändert sich wenig:
Je fais + de + la musique. → *Je fais de la musique.* (= *Ich mache ■ Musik.*)
Je fais + de + l'athlétisme. → *Je fais de l'athlétisme.* (= *Ich mache ■ Leichtathletik.*)
⚠ Aber folgende Veränderungen sind wichtig:
Je fais + de + le théâtre. → *Je fais du théâtre.* (= *Ich spiele ■ Theater.*)
Je fais + de + les percussions. → *Je fais des percussions.* (= *Ich spiele ■ Schlagzeug.*)

24 Lernen mit *À plus!* 1

Üben:
- Lassen Sie Ihr Kind eine Verbkartei für *faire* anlegen. Die Kopiervorlage finden Sie im Arbeitsheft auf Seite 103.
- Kann Ihr Kind die folgenden Sätze zu den Hobbys übersetzen?
  Ich mache Musik. – Sie macht Leichtathletik. – Treibst du Sport? – Er spielt Schlagzeug.
- Überprüfen Sie anschließend gemeinsam die Lösungen ▶ Schülerbuch S. 77 / Abschnitt 1.

Es sitzt noch nicht?
▶ Grammatikheft: Hier wird auf der Seite 19, Abschnitte 14–15, die Grammatik erklärt. Zusätzliche Übungen gibt es auf der Seite 19. Die Lösungen befinden sich auf der Seite 55 des Grammatikheftes.
▶ Außerdem: Weitere Übungen, S. 24/1 und 2 im Grammatikheft.
Die Übungen kann Ihr Kind auch als Arbeitsblatt über Webcode (▶ Grammatikheft S. 24) aus dem Internet herunterladen und gleich am Computer bearbeiten. Dort findet es ebenfalls die Lösungen zur Selbstkontrolle.

VOLET 2 — Un DVD pour l'Allemagne | Eine DVD für Deutschland
▶ Schülerbuch S. 68–71

Hier lernen die Kinder zu sagen was sie mögen und was sie nicht mögen.

Was ist wichtig?

Wortschatz
- Die Verben *aimer* (= mögen, lieben), *préférer* (= bevorzugen; lieber haben), *détester* (= hassen)
- Weitere Ausdrücke, um Vorlieben und Abneigung auszudrücken
- Weitere Hobbys
Zum Auswendiglernen ▶ Wortliste Schülerbuch S. 199–201
Zum Anhören und Auswendiglernen ▶ Vokabeltaschenbuch S. 50–54; ▶ Interaktiver Vokabeltrainer
Zum Weiterlernen ▶ Interaktiver Vokabeltrainer

Grammatik

Um zu sagen, was man mag / nicht mag, braucht man die Verben *aimer, préférer, détester* und die Verneinung *ne … pas* (= *nicht*).
Typische Fehlerquelle: Das Verb *préférer* hat eine Besonderheit! ▶ Schülerbuch S. 174
Lassen Sie Ihr Kind eine Verbkartei für *préférer* anlegen. Die Kopiervorlage finden Sie im Arbeitsheft auf Seite 103.

Üben:
- Kann Ihr Kind die Verneinung *ne…pas* richtig bilden? Lassen Sie Ihr Kind folgende Sätze übersetzen.
  Ich singe nicht sehr gut. – Er mag meine Musik nicht. – Er singt nicht gern.
- Überprüfen Sie anschließend gemeinsam die Lösungen ▶ Schülerbuch 70/5a.

Es sitzt noch nicht?
▶ Grammatikheft: Hier wird auf der Seite 20–21, Abschnitte 16–18, die Grammatik wiederholt. Zusätzliche Übungen gibt es auf den Seiten 20–21. Die Lösungen befinden sich auf der Seite 55 des Grammatikheftes.
▶ Außerdem: Weitere Übungen, S. 24/3 und 4 im Grammatikheft.
Die Übungen kann Ihr Kind auch als Arbeitsblatt über Webcode (▶ Grammatikheft S. 24) aus dem Internet herunterladen und gleich am Computer bearbeiten. Dort findet es ebenfalls die Lösungen zur Selbstkontrolle.

4

VOLET 3 — Qu'est-ce que tu fais ce week-end? | Was machst du dieses Wochende?

▶ Schülerbuch S. 72–74

Hier lernen die Kinder sich telefonisch zu verabreden und Vorschläge zu machen.

Was ist wichtig?

Wortschatz

- Die Verben *appeler* (= *anrufen*), *pouvoir* (= *können*) und *vouloir* (= *wollen*)
- *À quelle heure?* (= *Um wieviel Uhr?*) und *à une heure* (= *um ein Uhr*), *à deux heures* (= *um zwei Uhr*), usw.

Zum Auswendiglernen ▶ Wortliste Schülerbuch S. 201–202
Zum Anhören und Auswendiglernen ▶ Vokabeltaschenbuch S. 54–58; ▶ Interaktiver Vokabeltrainer
Zum Weiterlernen ▶ Interaktiver Vokabeltrainer

Rechtschreibung und Aussprache

Ihr Kind lernt hier *est-ce-que* (gesprochen: äskə). *Est-ce que* hat keine Bedeutung, sondern zeigt nur an, dass eine Frage gestellt wird. Es ist sozusagen ein „hörbares Fragezeichen" am Anfang des Fragesatzes.
Typische Fehlerquelle: die Schreibweise von *est-ce que*.
Üben: Lassen Sie Ihr Kind die Fragen mit *est-ce que* ▶ Schülerbuch S. 78, Abschnitt 5 abschreiben.

Grammatik

Um Vorschläge zu machen, braucht man das Verb *pouvoir* (= *können*).
Mit *vouloir* (= *wollen*) drückt man aus, was man tun oder lassen will.
Typische Fehlerquelle: Diese Verben sind unregelmäßig ▶ Schülerbuch S. 174–175.

Üben: Lassen Sie Ihr Kind eine Verbkartei für diese Verben anlegen. Die Kopiervorlage finden Sie im Arbeitsheft auf Seite 103.

Es sitzt noch nicht?
▶ Grammatikheft: Hier wird auf der Seite 21–23, Abschnitte 19–21, die Grammatik erklärt. Zusätzliche Übungen gibt es auf den Seiten 22–23. Die Lösungen befinden sich auf der Seite 55 des Grammatikheftes.
▶ Außerdem: Weitere Übungen, S. 24/5–7 im Grammatikheft.
Die Übungen kann Ihr Kind auch als Arbeitsblatt über Webcode (▶ Grammatikheft S. 24) aus dem Internet herunterladen und gleich am Computer bearbeiten. Dort findet es ebenfalls die Lösungen zur Selbstkontrolle.

Fit für die Klassenarbeit?

Zum Wiederholen:
▶ Schülerbuch Repères S. 77–78: Ausdrücke und Grammatik
▶ Carnet d'activités: Alle oder ausgewählte Übungen des Fais le point, S. 40–41
Selbstkontrolle: S. 95 und weiterführende Hinweise beachten.
→ Weiterarbeit mit dem eingelegten Förderheft S. 11–14 (Lösungen dazu auf der CD-ROM)
▶ Klassenarbeitstrainer: S. 35–43/Klassenarbeiten A und B

Essen wie Gott in Frankreich – Kulinarisches aus dem Elsass

Elsässer Flammkuchen

Der *Flammekueche* ist eine leckere, schnell zubereitete Mahlzeit für den Abend oder zwischendurch und erfreut sich mittlerweile auch in Deutschland großer Beliebtheit.

Zubereitung

Mehl, Wasser, Öl und Salz zu einem glatten Teig verarbeiten. Den Teig abgedeckt ruhen lassen. Den Backofen auf 220° vorheizen und in der Zwischenzeit Speck in schmale Streifen, Zwiebeln und Frühlingszwiebeln in dünne Ringe schneiden. Zwiebeln und Frühlingszwiebeln getrennt lassen!

Ein Backblech mit Backpapier auslegen, den Teig darauf dünn ausrollen und mit Crème fraîche bestreichen. Nach Belieben salzen (Vorsicht: Speck ist salzig!) und pfeffern. Danach Zwiebelringe und Speck darauf verteilen.

Im Ofen ca. 20 Minuten backen, bis die Speckstreifen knusprig sind. Den heißen Flammkuchen mit Frühlingszwiebeln servieren.

Tipp: Sie können den Flammkuchen auch vegetarisch belegen. Ersetzen Sie den Speck durch Paprikawürfel oder Lauch.

Teig
- 250 g Mehl
- 130 ml Wasser
- 2 TL Olivenöl
- 1 TL Salz

Belag
- 200 g Crème fraîche
- 125 g schmale Speckstreifen
- 1 große Zwiebel
- 1 Bund Frühlingszwiebeln
- Salz und Pfeffer

Elsässer Apfeltarte

Diese Tarte ist schnell zubereitet und schmeckt köstlich!

Zubereitung

Aus Butter, Zucker, Salz, Mehl und Wasser schnell einen Mürbeteig kneten und ca. 30 Minuten kaltstellen.

Äpfel schälen, entkernen und in dicke Spalten schneiden. Den Teig in eine leicht gebutterte Tarteform bringen und einen Rand formen.

Den Boden mit einer Gabel mehrmals anstechen und mit Semmelbröseln bestreuen, die Apfelspalten darin ringförmig auslegen und die Tarte zunächst bei 200°C ca. 20 Minuten halbgar backen.

Währenddessen Zucker und Eier verrühren. Dann Vanille und Sahne hinzufügen und kräftig durchrühren. Die Creme über die halbgare Tarte gießen und weitere 20–30 Minuten bei 180° backen.

Tipp: Lauwarm schmeckt die Tarte besonders köstlich!

Mürbeteig
- 160 g kalte Butter
- 80 g Zucker
- 1 Prise Salz
- 240 g Mehl
- 3 EL eiskaltes Wasser

Belag
- 800 g säuerliche Äpfel
- Semmelbrösel

Guss
- 100 g Zucker
- 3 Eier
- 125 ml süße Sahne
- Das Mark einer halben Vanilleschote

Das Elsass kennen lernen

5 Das lernt Ihr Kind in der Unité 5

Au collège | In der Schule
▶ Schülerbuch S. 83

Am Ende dieser Lektion soll Ihr Kind Folgendes können:
- seine Schule vorstellen, seinen Tagesablauf in der Schule beschreiben und seine Lieblingsfächer benennen,
- die Uhrzeiten angeben,
- Vorschläge machen und über Pläne sprechen.

– Alle wichtigen Redewendungen der gesamten Lektion: ▶ Schülerbuch S. 98 / Qu'est-ce qu'on dit?
– Passende Redewendungen zum Anhören und Auswendiglernen:
  ▶ Vokabeltaschenbuch S. 117 „Über die Schule sprechen"
  ▶ Vokabeltaschenbuch S. 118 „Sich einigen" und „Etwas gut oder schlecht finden"

VOLET 1 Notre collège | Unsere Schule
▶ Schülerbuch S. 84–87

Hier lernen die Kinder die verschiedenen Orte in einer Schule kennen.

Was ist wichtig?

Wortschatz

Orte und Personen in einer Schule
Zum Auswendiglernen ▶ Wortliste Schülerbuch S. 203–204
Zum Anhören und Auswendiglernen ▶ Vokabeltaschenbuch S. 61–64; ▶ Interaktiver Vokabeltrainer
Zum Weiterlernen ▶ Interaktiver Vokabeltrainer

Grammatik

- Um über die Personen und Orte an der eigenen Schule zu sprechen, braucht man die Begleiter *notre* (= unser/e), *nos* (= unsere), *votre* (= euer/eure, Ihre) und *vos* (= eure/Ihre).
- Der zusammengezogene Artikel mit *à* (= in).
Typische Fehlerquelle: *à + le = au* und *à + les = aux*.

Üben:
- Kann Ihr Kind diese Wörter übersetzen?
  unser Freund – unsere Freundin – euer Freund – eure Freundin – unsere Freunde – unsere Freundinnen – eure Freunde – eure Freundinnen
- Überprüfen Sie anschließend gemeinsam die Lösungen ▶ Schülerbuch S. 98, Abschnitt 1.
- Kann Ihr Kind diese Sätze übersetzen?
  Wir sind in der Kantine. (= *Nous sommes à la cantine.*) – Er ist auf der Krankenstation. (= *Il est à l'infirmerie.*) – Seid Ihr in der Turnhalle? (= *Est-ce que vous êtes au gymnase?*) – Sie ist auf der Toilette. (= *Elle est aux toilettes.*)

Es sitzt noch nicht?
▶ Grammatikheft: Hier wird auf der Seite 25, Abschnitte 22–23, die Grammatik erklärt. Dort gibt es auch zusätzliche Übungen. Die Lösungen befinden sich auf der Seite 56 des Grammatikheftes.
▶ Außerdem: Weitere Übungen, S. 31/3 im Grammatikheft.
Die Übungen kann Ihr Kind auch als Arbeitsblatt über Webcode (▶ Grammatikheft S. 31) aus dem Internet herunterladen und gleich am Computer bearbeiten. Dort findet es ebenfalls die Lösungen zur Selbstkontrolle.

VOLET 2   Ma journée | Mein Tagesablauf   ▶ Schülerbuch S. 88–91

Hier lernen die Kinder über ihren Tagesablauf und ihre Fächer zu sprechen. Außerdem lernen sie, die Uhrzeiten anzugeben.

 Tipp: Ihr Kind lernt hier die Fehlerliste kennen ▶ Schülerbuch S. 167.
Diese Liste eignet sich zur Selbstkontrolle und zur Vorbereitung auf Klassenarbeiten.
Regen Sie Ihr Kind dazu an, die Fehler, die es macht, zu sammeln und in die Fehlerliste einzutragen.
Mithilfe der Liste kann es dann seine Texte gezielt auf diese Fehler hin überprüfen.

Was ist wichtig?

Wortschatz

- Tagesablauf und Schulfächer
- Wochentage und Uhrzeiten

Zum Auswendiglernen ▶ Wortliste Schülerbuch S. 204–206
Zum Anhören und Auswendiglernen ▶ Vokabeltaschenbuch S. 64–69; ▶ Interaktiver Vokabeltrainer
Zum Weiterlernen ▶ Interaktiver Vokabeltrainer

 Tipp:
Die Uhrzeiten lassen sich gut mit den Abbildungen auf der S. 206 lernen.

Grammatik

- Um etwas zu begründen braucht man *parce que* (= weil).
- Das Verb *aller*

Typische Fehlerquellen: Das Verb *aller* ist unregelmäßig! ▶ Schülerbuch S. 175
Üben: Lassen Sie Ihr Kind eine Verbkartei für *aller* anlegen. Die Kopiervorlage finden Sie im Arbeitsheft auf Seite 103.

 Tipp:
Lassen Sie Ihr Kind das Gedicht zu *aller* auswendig lernen! ▶ Schülerbuch S. 90/3

Es sitzt noch nicht?
▶ Grammatikheft: Hier wird auf der Seite 26–28, Abschnitte 24–28, die Grammatik erklärt. Dort gibt es auch zusätzliche Übungen. Die Lösungen befinden sich auf der Seite 56 des Grammatikheftes.
▶ Zusätzlich: Weitere Übungen, S. 31–32/2–7 im Grammatikheft.
Die Übungen kann Ihr Kind auch als Arbeitsblatt über Webcode (▶ Grammatikheft S. 31) aus dem Internet herunterladen und gleich am Computer bearbeiten. Dort findet es ebenfalls die Lösungen zur Selbstkontrolle.

5

VOLET 3   Le programme | Das Programm   ▶ Schülerbuch S. 92–95

Hier lernen die Kinder Vorschläge und Pläne zu machen und darüber zu diskutieren.

Was ist wichtig?

Wortschatz

Diskutieren: Fragen stellen, Vorschläge machen, Vorschlägen zustimmen, Vorschläge ablehnen, etwas begründen
Zum Auswendiglernen ▶ Wortliste Schülerbuch S. 207–208
Zum Anhören und Auswendiglernen ▶ Vokabeltaschenbuch S. 69–73; ▶ Interaktiver Vokabeltrainer
Zum Weiterlernen ▶ Interaktiver Vokabeltrainer

Rechtschreibung und Aussprache

Besonderheit bei der Mehrzahl von *le bateau* (= Schiff, Boot): *les bateaux*.

Grammatik

- Um über die Zukunft zu sprechen, braucht man das *futur composé*. Es wird mit dem Verb *aller* (= *gehen*) gebildet.
- Die Begleiter *leur/leurs* (= *ihr/e*): *leur ami* = ihr Freund (mehrere Personen haben einen gemeinsamen Freund), *leurs amis* = ihre Freunde (mehrere Personen haben mehrere gemeinsame Freunde).

Üben:
- Kann Ihr Kind folgende Sätze übersetzen?
  Ich werde die Ideen notieren. – Wirst du in der Kantine essen? – Sie wird einen Spaziergang machen. – Wir werden die Schule besichtigen. – Werdet ihr das Programm vorbereiten? – Sie werden um acht Uhr ankommen.
- Überprüfen Sie anschließend gemeinsam die Lösungen ▶ Schülerbuch S. 99/4.
- ihr Buch (das Buch gehört mehreren Personen) – ihr Comic – ihr Freund – ihre Freundin – ihre Bücher – ihre Comics – ihre Freunde – ihre Freundinnen
- Überprüfen Sie anschließend gemeinsam die Lösungen ▶ Schülerbuch S. 98/1.

Es sitzt noch nicht?
▶ Grammatikheft: Hier wird auf der Seite 25, Abschnitt 23, sowie auf der Seite 29–30, Abschnitte 29–30, die Grammatik erklärt. Zusätzliche Übungen gibt es auf den Seiten 25 und 29 unten. Die Lösungen befinden sich auf der Seite 56 des Grammatikheftes.
▶ Außerdem: Weitere Übungen, S. 31/1 und S. 32/8 im Grammatikheft.
Die Übung kann Ihr Kind auch als Arbeitsblatt über Webcode (▶ Grammatikheft S. 31) aus dem Internet herunterladen und gleich am Computer bearbeiten. Dort findet es ebenfalls die Lösungen zur Selbstkontrolle.

Fit für die Klassenarbeit?

Zum Wiederholen:
▶ Schülerbuch Repères S. 98–99: Ausdrücke und Grammatik
▶ Carnet d'activités: Alle oder ausgewählte Übungen des Fais le point, S. 50–51
   Selbstkontrolle: S. 96 und weiterführende Hinweise beachten.
   → Weiterarbeit mit dem eingelegten Förderheft S. 14–16 (Lösungen dazu auf der CD-ROM)
▶ Klassenarbeitstrainer: S. 44–55/Klassenarbeiten A und B

Das lernt Ihr Kind in der Unité 6

À Strasbourg | In Straßburg

▶ Schülerbuch S. 103

Am Ende dieser Lektion soll Ihr Kind Folgendes können:
- seinen Wohnort vorstellen,
- Essen bestellen.

– Alle wichtigen Redewendungen der gesamten Lektion: ▶ Schülerbuch S. 115 / Qu'est-ce qu'on dit?
– Passende Redewendungen zum Anhören und Auswendiglernen:
  ▶ Vokabeltaschenbuch S. 114 „Über den Wohnort Auskunft geben"
  ▶ Vokabeltaschenbuch S. 121 „Über Essen und Trinken sprechen"

VOLET 1 La visite en bateau | Die Besichtigung mit dem Boot

▶ Schülerbuch S. 104–106

Hier lernen die Kinder Straßburg näher kennen und ergänzen ihren Themenwortschatz zur Stadt.

 Tipp: Mehr über Straßburg erfahren Sie auf der Seite 34 in diesem Heft.

Was ist wichtig?

Wortschatz

- Eine Stadt vorstellen
- Die Zahlen bis 60 ▶ Schülerbuch S. 173
- Zum Auswendiglernen ▶ Wortliste, Schülerbuch S. 209–210
- Zum Anhören und Auswendiglernen ▶ Vokabeltaschenbuch S. 76–78; ▶ Interaktiver Vokabeltrainer
- Zum Weiterlernen ▶ Interaktiver Vokabeltrainer

Rechtschreibung und Aussprache

Das Verb *commencer* hat eine Besonderheit in der Schreibweise: *nous commençons*. Das -c- wird bei *nous* durch ein -ç- ersetzt. ▶ Schülerbuch S. 174

Üben: Lassen Sie Ihr Kind eine Verbkartei für das Verb *commencer* anlegen. Die Kopiervorlage finden Sie im Arbeitsheft auf Seite 103.

Wussten Sie schon?
In Frankreich nennt man den Hebelkorkenzieher auch „*de Gaulle*". Das kommt daher, dass der ehemalige französische Präsident Charles de Gaulle (Amtszeit 1959–1969) nach seinen Ansprachen häufig beide Arme hob und *Vive la France* rief.

Lernen mit *À plus!* 1   31

VOLET 2 — À la cantine | In der Kantine
▶ Schülerbuch S. 107–109

Hier lernen die Kinder Essen in einer französischen Schulkantine zu bestellen und über Essen zu sprechen.

Was ist wichtig?

Wortschatz

- Einige Gerichte und Lebensmittel
- Ausdrücke zum Bestellen von Essen und für einfache Tischgespräche

Zum Auswendiglernen ▶ Wortliste Schülerbuch S. 210–212
Zum Anhören und Auswendiglernen ▶ Vokabeltaschenbuch S. 78–82; ▶ Interaktiver Vokabeltrainer
Zum Weiterlernen ▶ Interaktiver Vokabeltrainer

Rechtschreibung und Aussprache

Besonderheit bei der Mehrzahl von *le gâteau* (= *Kuchen*): *les gâteaux*

Grammatik

- Um ein Gespräch über das Essen führen zu können, braucht man das Verb *prendre* (= *nehmen*).
- Das Verb *comprendre* (= *verstehen*).
- Die Verneinung mit *ne ... plus* (= *nicht mehr*).

Typische Fehlerquellen: Die Verben *prendre* und *comprendre* sind unregelmäßig. ▶ Schülerbuch S. 175

Üben: Lassen Sie Ihr Kind Verbkarteien für *prendre* und *comprendre* anlegen. Die Kopiervorlage finden Sie im Arbeitsheft auf Seite 103.

Es sitzt noch nicht?

▶ Grammatikheft: Hier wird auf der Seite 33–34, Abschnitte 32–33, die Grammatik erklärt. Dort gibt es auch zusätzliche Übungen. Die Lösungen befinden sich auf der Seite 56 des Grammatikheftes.
▶ Außerdem: Weitere Übungen, S. 36/1–2 im Grammatikheft.

Die Übung kann Ihr Kind auch als Arbeitsblatt über Webcode (▶ Grammatikheft S. 36) aus dem Internet herunterladen und gleich am Computer bearbeiten. Dort findet es ebenfalls die Lösungen zur Selbstkontrolle.

> **Wussten Sie schon?**
> In Frankreich wird zu jedem Essen in der Familie, aber auch im Restaurant Leitungswasser und Stangenweißbrot gereicht. Da die Franzosen zu jedem Essen Baguette verspeisen, hat das Baguette in Frankreich einen hohen Stellenwert. Jede Person isst begleitend ca. ein Baguette pro Tag. Das Gewicht eines Baguettes ist festgelegt (240–310 g).

VOLET 3 — Ma ville, mon quartier | Meine Stadt, mein Viertel
▶ Schülerbuch S. 110–112

Hier lernen die Kinder über ihre Stadt / ihr Stadtviertel zu sprechen

Was ist wichtig?

Wortschatz

Weitere Orte in einer Stadt / in einem Stadtviertel
Zum Auswendiglernen ▶ Wortliste Schülerbuch S. 212–214
Zum Anhören und Auswendiglernen ▶ Vokabeltaschenbuch S. 83–87; ▶ Interaktiver Vokabeltrainer
Zum Weiterlernen ▶ Interaktiver Vokabeltrainer

Tipp: Im Schülerbuch findet Ihr Kind eine Zusammenfassung der bereits bekannten Orte in einer Stadt.
▶ Schülerbuch S. 214

Grammatik

Um eine Stadt zu beschreiben und Aussagen über sie zu machen, braucht man die Mengenangaben *beaucoup de* (= *viele*), *trop de* (= *zu viel*), *ne ... pas de* (= *kein*), *assez de* (= *genug*) und *ne ... plus de* (= *kein ... mehr*).
Typische Fehlerquellen:
- Nach den Mengenangaben verwendet man im Französischen immer die Präposition *de* + Nomen ohne Artikel. Das vergessen die Kinder oft, weil sie vom Deutschen direkt übersetzen:
 viele Touristen → ~~*beaucoup touristes*~~ ⚠ = *beaucoup **de** touristes*.
- Das französische „kein" besteht aus der Verneinung *ne...pas + de*:
 Es gibt keine Touristen. = *Il **n'y a pas de** touristes.*
- Nach Verneinungen und Mengenangaben steht immer *de* und niemals *des*.

Üben:
- Kann Ihr Kind folgende Sätze übersetzen?
 Es gibt viele Parks. – Es gibt zu viele Touristen. – Es gibt nicht genug Geschäfte. – Es gibt nicht genug Aktivitäten. – Es gibt kein Kino. – Es gibt kein Café mehr.
- Überprüfen Sie anschließend gemeinsam die Lösungen ▶ S.115/2.

Es sitzt noch nicht?
▶ Grammatikheft: Hier wird auf der Seite 34–35, Abschnitt 34, die Grammatik erklärt. Zusätzlich gibt es eine Übung auf der Seite 35 unten. Die Lösungen befinden sich auf der Seite 56 des Grammatikheftes.
▶ Außerdem: Weitere Übungen, S. 36/3–4 im Grammatikheft.
Die Übungen kann Ihr Kind auch als Arbeitsblatt über Webcode (▶ Grammatikheft S. 36) aus dem Internet herunterladen und gleich am Computer bearbeiten. Dort findet es ebenfalls die Lösungen zur Selbstkontrolle.

Fit für die Klassenarbeit?
▶ Schülerbuch Repères S. 115: Ausdrücke und Grammatik
▶ Carnet d'activités: Alle oder ausgewählte Übungen des Fais le point, S. 60–61
 Selbstkontrolle: S. 97 und weiterführende Hinweise beachten.
 → Weiterarbeit mit dem eingelegten Förderheft S. 17–18 (Lösungen dazu auf der CD-ROM)
▶ Klassenarbeitstrainer: S. 56–67/Klassenarbeiten A und B, S. 90–91/Mündliche Klassenarbeit

Straßburg – Die Perle des Elsass

Straßburg ist die Hauptstadt des Elsass, Sitz des Europaparlaments und des deutsch-französischen Fernsehsenders ARTE und Schauplatz des ersten Bandes von *À Plus!* Diese schöne Stadt ist einen Besuch wert.

Schlendern Sie durch die **Altstadt,** trinken Sie einen Kaffe im ehemaligen Gerberviertel *La petite France*, schauen Sie ein Weilchen den Straßenkünstlern vor dem beeindruckenden Straßburger Münster zu. Sie können Straßburg zu Fuß erkunden oder vom Wasser aus in einem Boot besichtigen.

Außerdem locken **viele interessante Museen** wie z. B. das Museum für moderne und zeitgenössische Kunst. Die interaktiven Ausstellungen im *Le Vaisseau* begeistern nicht nur Kinder und Jugendliche für Wissenschaft und Technik. Schokoladenliebhaber kommen im Museum *Les Secrets du chocolat* auf ihre Kosten.

Und wenn Sie Lust auf einen Glühwein mit Romantikpanorama haben, dann besuchen Sie den berühmten **Straßburger Weihnachtsmarkt** zur Advendszeit!

Das Elsass kennen lernen

Das lernt Ihr Kind in der Unité 7

On fait la fête! | Wir feiern eine Party!

▶ Schülerbuch S. 119

Am Ende dieser Lektion soll Ihr Kind Folgendes können:
- sagen, wann man Geburtstag hat und jemanden zum Geburtstag einladen,
- sich über Geburtstagsgeschenke und Kochrezepte austauschen und eine Geburtstagsparty planen,
- jemandem zum Geburtstag gratulieren.

– Alle wichtigen Redewendungen der gesamten Lektion: ▶ Schülerbuch S. 132 / Qu'est-ce qu'on dit?
– Passende Redewendungen zum Anhören und Auswendiglernen:
   ▶ Vokabeltaschenbuch S. 120 „Über einen Geburtstag sprechen"
   ▶ Vokabeltaschenbuch S. 121 „Einkaufen"

VOLET 1   C'est quand, ton anniversaire? | Wann hast du Geburtstag?

▶ Schülerbuch S. 120–122

Hier lernen die Kinder zu sagen, wann sie Geburtstag haben, und eine Einladung für eine Geburtstagsparty zu schreiben.

Was ist wichtig?

Wortschatz

- Nach Geburtstagen fragen und den eigenen Geburtstag nennen, gratulieren, jemanden einladen
- Wochentage und Monatsnamen
- Die Zahlen bis 100

Typische Fehlerquelle: Im Französischen gibt man ein Datum anders an als im Deutschen:
der 1. (= erste) April = *le premier avril*
⚠ der 2. April, der 3. April, usw. = *le deux avril, le trois avril etc.* (wörtlich: *der zwei April, der drei April usw.*)
Zum Auswendiglernen ▶ Wortliste Schülerbuch S. 214–215
Zum Anhören und Auswendiglernen ▶ Vokabeltaschenbuch S. 90–91; ▶ Interaktiver Vokabeltrainer
Zum Weiterlernen ▶ Interaktiver Vokabeltrainer

Tipp:
Hier findet Ihr Kind mehrere nützliche Übersichten: die Wochentage ▶ Schülerbuch S. 197, die Monatsnamen ▶ Schülerbuch S. 214, die Zahlen bis 100 ▶ Schülerbuch S. 173.

Wussten Sie schon?
Der 14. Juli ist in Frankreich Nationalfeiertag.
Gefeiert wird der Sturm auf die Bastille am 14. Juli 1789.
Es gibt an diesem Tag überall in Frankreich Militärparaden, Bälle und Feuerwerke.

Lernen mit *À plus!* 1   35

7

VOLET 2 Les cadeaux | Die Geschenke ▶ Schülerbuch S. 120–122

Hier lernen die Kinder eine Geburtstagsparty vorzubereiten, sich über Geschenke und Rezepte zu verständigen.

Was ist wichtig?

Wortschatz

- Eine Party planen, sich über Geschenke austauschen, über Mengenangaben und Preise sprechen
- Weitere Lebensmittel

Zum Auswendiglernen ▶ Wortliste Schülerbuch S. 215–217
Zum Anhören und Auswendiglernen ▶ Vokabeltaschenbuch S. 92–96; ▶ Interaktiver Vokabeltrainer
Zum Weiterlernen ▶ Interaktiver Vokabeltrainer

Rechtschreibung und Aussprache

- Das Verb *acheter* hat mehrere Besonderheiten in der Schreibweise. ▶ Schülerbuch S. 174
- Beim Wort *l'œuf* (= das Ei) gibt es Unterschiede in der Aussprache der Einzahl und Mehrzahl:
  l'œuf (gesprochen „öf" [œf]) – *les œufs* (gesprochen „ö" [lezø]).

Grammatik

- Um auf Personen und Dinge zu verweisen, von denen schon die Rede war, braucht man die direkten Objektpronomen *me/te/le/la/les*.

Typische Fehlerquelle:
Im Gegensatz zum Deutschen stehen die Objektpronomen im Französischen **vor** dem Verb, zu dem sie gehören. Bei der Verneinung wird das Objektpronomen von *ne ... pas* umklammert:
Den Kuchen? Wir <u>machen</u> **ihn** zusammen.   = Le gâteau? On **le** <u>fait</u> ensemble.
Den Kuchen? Wir machen **ihn** <u>nicht</u> zusammen.   = Le gâteau? On <u>ne</u> **le** fait <u>pas</u> ensemble.

Üben:
- Kann Ihr Kind folgende Sätze übersetzen?
  Wartest du auf mich? (= Tu m'attends?) – *Kannst du mir helfen?* (= Tu peux m'aider?) –
  Ich kann dich nicht begleiten. (= Je ne peux pas t'accompagner.)

Tipp:

Lernt Ihr Kind gut über Bilder? Mit diesem „Objektpronomenburger" kann es sich die Stellung der Objektpronomen und der Verneinung leichter merken! ▶ Schülerbuch S. 133

Es sitzt noch nicht?

▶ Grammatikheft: Hier wird auf der Seite 37–39, Abschnitte 35–37, die Grammatik erklärt. Zusätzlich gibt es eine Übung auf der Seite 39. Die Lösungen befinden sich auf der Seite 56 des Grammatikheftes.
▶ Außerdem: Weitere Übungen, S. 40/1–3 im Grammatikheft.

Die Übungen kann Ihr Kind auch als Arbeitsblatt über Webcode (▶ Grammatikheft S. 40) aus dem Internet herunterladen und gleich am Computer bearbeiten. Dort findet es ebenfalls die Lösungen zur Selbstkontrolle.

7

VOLET 3 — Joyeux anniversaire! | Herzlichen Glückwunsch zum Geburtstag! ▶ Schülerbuch S. 127–129

Hier lernen die Kinder weitere Lebensmittel und ein Geburtstagslied kennen und sie erfahren, wie man jemandem zum Geburtstag gratuliert.

Was ist wichtig?

Wortschatz

- Ausdrücke und weitere Lebensmittel für eine Geburtstagsfeier, zum Geburtstag gratulieren
- Das Verb *attendre* (warten)

Zum Auswendiglernen ▶ Wortliste Schülerbuch S. 217–219
Zum Anhören und Auswendiglernen ▶ Vokabeltaschenbuch S. 96–102; ▶ Interaktiver Vokabeltrainer
Zum Weiterlernen ▶ Interaktiver Vokabeltrainer

Üben: Lassen Sie Ihr Kind auf Lebensmittel Zettel mit den französischen Bezeichnungen kleben.

Tipp:
Eine Übersicht über die in Band 1 gelernten Lebensmittel findet Ihr Kind hier: ▶ Schülerbuch S. 218.

Rechtschreibung und Aussprache

Typische Fehlerquelle: Das Verb *danser* kennt Ihr Kind aus dem Englischen: *to dance*. Die Besonderheit im Französischen ist, dass in der Mitte ein -s- steht: *dan**s**er* – *to dan**c**e*.

Grammatik

- Die Verben *attendre* (= warten) und *entendre* (= hören). ▶ Schülerbuch S. 175
- Um auf bereits erwähnte Personen zu verweisen, braucht man die direkten Objektpronomen *nous/vous*.

Üben:
- Kann Ihr Kind folgende Sätze übersetzen?
  Ich lade euch ein. (= *Je vous invite.*) – Begleiten Sie uns nicht? (= *Vous ne nous accompagnez pas?*) –
  Du nervst uns. (= *Tu nous énerves!*) – Können Sie uns helfen? (= *Vous pouvez nous aider?*) –
  Ich werde nicht auf euch warten. (= *Je ne vais pas vous attendre.*)

Es sitzt noch nicht?
▶ Grammatikheft: Hier wird auf den Seiten 38–39, Abschnitte 37–38, die Grammatik erklärt.
▶ Außerdem: Weitere Übungen, S. 40/4 im Grammatikheft.
Die Übung kann Ihr Kind auch als Arbeitsblatt über Webcode (▶ Grammatikheft S. 40) aus dem Internet herunterladen und gleich am Computer bearbeiten. Dort findet es ebenfalls die Lösungen zur Selbstkontrolle.

Fit für die Klassenarbeit?

▶ Schülerbuch Repères S. 132–133: Ausdrücke und Grammatik
▶ Carnet d'activités: Alle oder ausgewählte Übungen des Fais le point, S. 69–70
  Selbstkontrolle: S. 98 und weiterführende Hinweise beachten.
  → Weiterarbeit mit dem eingelegten Förderheft S. 19–21 (Lösungen dazu auf der CD-ROM)
▶ Klassenarbeitstrainer: S. 68–77/ Klassenarbeiten A und B

8 Das lernt Ihr Kind in der Unité 8

Vive les vacances! | Es leben die Sommerferien! ▶ Schülerbuch S.137

In dieser Unité verlassen wir das Elsass und sind u. a. in Paris.
Am Ende dieser Lektion soll Ihr Kind Folgendes können:
- sagen, wo es die Ferien verbringen wird und was es in den Ferien tun wird,
- über das Wetter sprechen,
- eine Ferienpostkarte schreiben.

– Alle wichtigen Redewendungen der gesamten Lektion: ▶ Schülerbuch S.146 / Qu'est-ce qu'on dit?
– Passende Redewendungen zum Anhören und Auswendiglernen:
   ▶ Vokabeltaschenbuch S.119 „Etwas planen"
   ▶ Vokabeltaschenbuch S.121 „Über das Wetter sprechen"

VOLET 1 Qu'est-ce que tu vas faire pendant les vacances? | Was machst du in den Ferien? ▶ Schülerbuch S.138–140

Hier lernen die Kinder über ihre Ferienpläne zu sprechen.

Was ist wichtig?

Wortschatz

Fragen/sagen, was man in den Ferien macht und wohin man fährt.
Zum Auswendiglernen ▶ Wortliste Schülerbuch S. 220
Zum Anhören und Auswendiglernen ▶ Vokabeltaschenbuch S.106–107; ▶ Interaktiver Vokabeltrainer
Zum Weiterlernen ▶ Interaktiver Vokabeltrainer

Tipp: Häufig versteht man in einem fremdsprachlichen Text vieles, ohne jedes einzelne Wort zu kennen. Die Gestaltung des Textes und der Bilder oder auch Ähnlichkeiten zu Wörtern aus bekannten Sprachen helfen dem Leser beim Verständnis. Diese Lesestrategie kann Ihr Kind trainieren. ▶ Schülerbuch S. 164–165
Überprüfen Sie anschließend gemeinsam die Lösungen:
- S.164/1: Es handelt sich um die Speisekarte eines Eiscafés. Das erkennt man am Foto und an den angegebenen Preisen.
- S.164/2: Text A ist eine Einladung zu einer Überraschungsparty (*surprise* auch Englisch *Überraschung*) zum Geburtstag von Robin.
Text B ist ein Dankesbrief (Ort, Datum, Anrede, Grußformel) von Tobias an seine Gastfamilie.
Text C ist ein Werbeprospekt für den Themenpark „Bioscope". Dafür sprechen die Karte für die Anfahrt und die werbende Überschrift.
- S.165: Die Öffnungszeiten erkennt man unabhängig von der Sprache unten links auf dem Prospekt. Die Wochentage sind bekannt. Am Wochenende ist das Planetarium nur am Sonntag in der Zeit von 14–18 Uhr geöffnet. Am Samstag ist es geschlossen.

VOLET 2 Souvenirs d'été | Erinnerungen an den Sommer ▶ Schülerbuch S. 120–122

Hier lernen die Kinder über das Wetter zu sprechen und Postkarten/E-Mails aus dem Urlaub zu schreiben.

Was ist wichtig?

Wortschatz

Über das Wetter sprechen
Über Ferienorte und Ferienaktivitäten sprechen
Zum Auswendiglernen ▶ Wortliste Schülerbuch 221–223
Zum Anhören und Auswendiglernen ▶ Vokabeltaschenbuch S. 108–112; ▶ Interaktiver Vokabeltrainer
Zum Weiterlernen ▶ Interaktiver Vokabeltrainer

Tipp:
Eine Zusammenfassung zu den Wortfeldern „Wetter/Jahreszeiten" findet Ihr Kind in der Wortliste
▶ Schülerbuch S. 223.

Rechtschreibung und Aussprache

- Besonderheit bei der Mehrzahl von *le château* (= *Schloss*): *les châteaux*
- Besonderheit bei der Mehrzahl von *le cheval* (= *Pferd*): *les chevaux*

Grammatik

- Um nähere Angaben zu einem Ort zu machen, braucht man das Relativpronomen *où*.
- Um zwei Tätigkeiten in einen zeitlichen Zusammenhang zu bringen, braucht man den Nebensatz mit *quand*.

Üben:
- Kann Ihr Kind diese Sätze übersetzen?
  Dort, wohin wir fahren, ist die Natur super! – Ich rufe dich an, wenn ich bei meiner Tante ankomme. – Wenn es warm ist, gehen wir an den Strand.
- Überprüfen sie anschließend gemeinsam die Lösungen ▶ S. 146/1–2.

Es sitzt noch nicht?
▶ Grammatikheft: Hier wird auf der Seite 41, Abschnitte 39–40, die Grammatik erklärt. Zusätzlich gibt es eine Übung auf der Seite 41. Die Lösung befindet sich auf der Seite 56 des Grammatikheftes.
▶ Außerdem: Übungen 1 und 2, S. 42 im Grammatikheft.
Die Übungen kann Ihr Kind auch als Arbeitsblatt über Webcode (▶ Grammatikheft S. 42) aus dem Internet herunterladen und gleich am Computer bearbeiten. Dort stehen auch die Lösungen zur Selbstkontrolle.

Fit für die Klassenarbeit?

▶ Schülerbuch Repères S. 146: Ausdrücke und Grammatik
▶ Carnet d'activités: Alle oder ausgewählte Übungen des Fais le point, S. 75
  Selbstkontrolle: S. 99 und weiterführende Hinweise beachten.
  → Weiterarbeit mit dem eingelegten Förderheft S. 22–23 (Lösungen dazu auf der CD-ROM)
▶ Klassenarbeitstrainer: Seiten 78–87/ Klassenarbeiten A und B

Diese Materialien unterstützen Ihr Kind beim Üben und Wiederholen:

Carnet d'activités
mit DVD-ROM und eingelegtem Förderheft
Arbeitsheft mit lehrwerkbegleitenden Übungen
und den Lehrbuchtexten zum Anhören
ISBN 978-3-06-520243-5

Vokabeltrainer *auf CD-ROM*
Software zum Vokabellernen mit interaktiver
Vokabelkartei und interaktiven Vokabelübungen –
alle Vokabeln auch zum Anhören
ISBN 978-3-06-021443-3

Carnet d'activités + Vokabeltrainer
Arbeitsheft im günstigen Paket mit
dem interaktiven Vokabeltrainer
ISBN 978-3-06-023270-3

Klassenarbeitstrainer
mit Lösungen und Audio-CD
Arbeitsheft zur selbstständigen Vorbereitung
auf Klassenarbeiten
mit Lösungen & Bewertungshinweisen
ISBN 978-3-06-023266-6

Grammatikheft
Die gesamte Grammatik zum
Lernen, Üben und Nachschlagen
ISBN 978-3-06-520194-0

Vokabeltaschenbuch – *TING®-fähig*
Der gesamte Wortschatz mit zusätzlichen
Trainingsmöglichkeiten im Taschenformat –
mit Vokabeln zum Anhören
ISBN 978-3-06-520249-7

Lerntagebuch
Thematischer Wortschatz,
Redemittel und Grammatik zum Selbstschreiben,
mit heraustrennbaren Seiten zum Abheften
ISBN 978-3-06-520153-7

Zu diesem Lehrwerk ist auch das
Vokabellernprogramm **„phase-6"** erhältlich.
Informationen dazu unter www.phase-6.de.